Anécdotas de azafatas

Anécdotas de azafatas

Historias inverosímiles de auxiliares de vuelo

David Wachtel Hidalgo

Styria

Tuset, 3 2º — 08006 Barcelona
www.styria.es
Primera edición: julio de 2008

LA FOTOCOPIA MATA AL LIBRO
Diseño de cubierta: Santiago Rodés
Maquetación: Mediacircus
ISBN: 978-84-96626-10-2
Depósito Legal: B.26073-2008
Impreso y encuadernado por Industria Gráfica Domingo S. A.

Impreso en España – *Printed in Spain*

Índice

a mi familia, que soportando con paciencia y amor
[illegible]

A mi familia, que soportando con paciencia y amor incondicional mis años inciertos de exploración me brindaron siempre su apoyo cuando a veces creía no merecerlo.

A Nina, por colaborar con la causa dejando aparcado, por ratos, su apacible carácter antisocial y por llenarme nuevamente de una ilusión que me llevó a despertar de mi prolongado letargo.

A Sandra, por ser mi compañera inseparable durante esta larga etapa de exilio y siempre confiar en mí. Por ser mi cómplice y amiga. Por ser mi roca.

A Elisabeth, quien con la más absoluta generosidad, desinterés y confianza, me entregó la llave de una puerta que hacía tiempo venía buscando y me era esquiva.

A todos aquellos profesionales del sector que me regalaron un poquito de su tiempo y colaboraron con sus testimonios para la composición de este libro.

Y (last but not least) al Universo, por su belleza y por su magia… y finalmente por conspirar a mi favor.

PRÓLOGO

Si bien recaen muchos estereotipos sobre la profesión del auxiliar de vuelo, el objetivo de este libro no es otro más que el de exponer a través de las experiencias de los entrevistados las diferentes realidades que, bajo el denominador común de tener la cabina de un avión como espacio de trabajo, se manifiestan posibles entre diversas personas de todas las culturas, edades y personalidades alrededor del planeta. Sin duda alguna, éste pretende ser un libro de lectura ágil y entretenida por lo cual la cara anecdótica tiene una presencia importante. Sin embargo, las historias personales también reclaman su propio espacio puesto que, a mi modesto entender, constituyen parte intrínseca de la naturaleza de un oficio que si bien en muchos casos permite vidas glamorosas y llenas de aventura, por otro lado también exige grandes dosis de sacrificio, paciencia y fortaleza, tanto mental como física.

Durante sus años profesionales los tripulantes de cabina, como buenos trotamundos que son, afrontan todo tipo de situaciones y circunstancias tanto en la cabina del avión como en las diferentes ciudades por las que pasan o a las que se ven obligados a mudarse en pos de ese puesto. De sus relatos podremos aprender lo que significa tener que soportar las ocurrencias e impertinencias de toda clase de pasajeros, desde los prepotentes y los revoltosos, hasta los más ingenuos e ignorantes, pasando por los cascarrabias, los impúdicos, los peligrosos, los abusivos, los trastornados y los afligidos. Asimismo, también demuestran su estoicismo al lidiar en espacios tan reducidos con el mal humor o la frustración de sus eventuales compañeros de trabajo, con quienes deben llevar la fiesta en paz en aras de la seguridad del vuelo (y la salud mental). Aún así, los auxiliares de vuelo son personas que suelen hacer gala de mucho sentido del humor y de una ligereza encomiable respecto de las vicisitudes a las que se enfrentan con el simple afán de disipar las tensiones que éstas les pudiesen suscitar.

A diferencia de otras profesiones, ésta no acarrea la rutina ni los horarios fijos de un trabajo común y corriente pero sí consigue afectar las vidas privadas de quienes la desempeñan, pudiendo causar considerables trastornos orgánicos por los horarios irregulares del sueño y la alimentación, así como también por la constante exposición a los cambios de presión atmosférica a los que se someten día a día. Es muy probable también que algunos puedan llegar a desarrollar un fuerte sentimiento de soledad y desarraigo al llevar este estilo de vida gitanesco.

Aunque el ciudadano ordinario considere que las funciones del auxiliar de vuelo se reducen básicamente a ocuparse de la comodidad del pasajero y a brindar el servicio de las comidas a bordo, muchos quedarán impresionados al descubrir el exigente y exhaustivo entrenamiento al que deben someterse en su preparación para actuar, con rapidez y decisión, ante las más peligrosas contingencias que pudiesen darse en una cabina volando a diez mil metros de altura. Entre ellas se podrían mencionar indeseables eventos como la despresurización de la cabina, incendios a bordo, aterrizajes forzosos, evacuaciones de emergencia, muertes e infartos, ataques de pánico y secuestros armados. Solo cabría añadir que a pesar de las ideas preconcebidas existentes sobre dichos profesionales, tal vez deberíamos encontrar la humildad para reconocer el valor de su oficio y agradecer la dedicación que demuestran para velar por nuestra seguridad cada vez que nos subimos a un avión.

Por último, quisiera confirmar que todas las historias aquí narradas son absolutamente verídicas y que salvo al final del libro fueron recogidas a través de entrevistas personales realizadas durante el proceso de elaboración de este libro. Con el propósito de salvaguardar la privacidad de los protagonistas de dichas historias y evitarles problemas de cualquier clase he optado por escudar sus identidades mediante el uso de seudónimos.

1
PRESIÓN DE CABINA. ANÉCDOTAS DE AUXILIARES DE VUELO

Ivana, 31 años

Nunca soñó con trabajar en esta profesión pero fue su madre quien la animó a presentarse a un curso de formación de auxiliares de vuelo. Seis meses después abandonaba su hogar para mudarse a la floreciente y lujosa ciudad de Dubai, y desde entonces, hace ya más de ocho años, no ha dejado de volar por el mundo entero. En sus ratos libres goza bailando al compás de melancólicos tangos, y está aprendiendo a hablar el español porque tiene la intención de trasladar su residencia a España dentro de poco tiempo.

Podría decirse que, a partir del momento en que descubrí ciertas facetas de mi personalidad que desde niña me habían sido imperceptibles, siempre he considerado que mi peor defecto es el egoísmo, lo cual convertiría mi profesión en una curiosa y absoluta ironía, ya que durante los últimos siete años de mi vida me he dedicado básicamente a servir a otros. Y debería subrayar con énfasis que no ha sido una cantidad nada desdeñable: varias decenas de miles de pasajeros en cientos de vuelos internacionales. Pero aunque la mayoría de la gente común sospeche que la finalidad de la tripulación de un avión es la de servir comidas y bebidas, en realidad estarían incurriendo en un error de juicio causado por una evaluación superficial y hecha a la ligera. Y es que habría que recalcar, entonces, que la misión primordial de los tripulantes de cabina, objetivo para el cual estamos altamente entrenados y preparados, es la de mantener el orden y el control en caso de cualquier eventualidad que ponga en situación de riesgo al vuelo, la nave y/o a los pasajeros. Aún así, debo reconocer que dado el elevadísimo nivel de seguridad que tienen los vuelos hoy en día, debido a las rigurosas inspecciones técnicas y exámenes de control a los cuales se someten las aeronaves y el personal, finalmente nuestras competencias suelen terminar encajando en la categoría del servicio y el confort, cuales (relativamente involuntarios) camareros de los restaurantes del cielo.

Debo admitir que al empezar a trabajar como auxiliar de vuelo me vi en la obligación de transformar mi carácter por completo. Para dedicarse a esta profesión uno tiene que mostrar una gran vocación de servicio y mucha afabilidad para lidiar con los pasajeros, quienes son la razón de ser de nuestra existencia a bordo de un avión. Pero cuando comencé a volar con mi primera aerolínea, yo tenía una forma de ser muy distinta a la que debería poseer el prototipo ideal de azafata. Creo que las raíces de este problema se pueden encontrar en mi infancia.

Nací en el seno de una familia que estaba a punto de quebrarse. En 1979, cuando cumplí los tres años, mi padre abandonó nuestra casa y nunca más volví a verle ni a saber de él hasta después del inicio del nuevo milenio.

Mi madre, ya divorciada con veinticinco años, nos crió a mi hermana menor y a mí en casa de nuestra abuela. Desde que tengo memoria fuimos tratadas como reinas. Ella y mi abuela se aseguraron de facilitarnos en todo momento cualquier cosa que nos hiciera falta. Nunca tuve que hacer nada por mí misma y por eso empecé a dar este tipo de trato por sentado. Supuse que así era como debían ser las cosas dado que mi realidad siempre había sido esa. Estoy convencida de que fue esta crianza la que dio cabida al surgimiento arraigado del egoísmo en mi personalidad. Algo contra lo cual he tenido que luchar intensamente si es que tenía la pretensión de mantenerme en esta profesión y de llevarla con más facilidad. Me era completamente inimaginable que otras personas pudieran tener necesidades tan importantes como las mías, o más incluso. Pero si bien con el paso de los años, poco a poco empecé a descubrir y a identificar mis defectos como tales, no fue hasta la muerte prematura de mi madre, tres años atrás, en que muchas verdades me golpearon súbitamente y no tuve mayor opción que la de asumir un cúmulo de lecciones vitales de un modo profundo e intensivo. Cuando la vida te enfrenta a una situación tan relevante, como lo fue en mi caso esa trágica muerte, creo que es imposible que dicha experiencia no te cambie de algún modo, haciéndote reflexionar sobre cosas que nunca pasaron por tu cabeza y arrojando luz nueva sobre todo lo que existe a tu alrededor y en tu interior, permitiéndote ver las cosas con ojos distintos.

Fue así que, ya desempeñándome como auxiliar de vuelo, decidí mejorar mi calidad humana y profesional. Empecé a anteponer las necesidades de otros por encima de las mías convirtiéndome a veces en una persona excesivamente complaciente, para lo cual, hoy en día, voy procurando encontrar un equilibrio más armónico sin llegar a desbordarme en ninguno de los dos extremos. También, viviendo sola y lejos de casa, aprendí a animarme y a sacarme a mí misma de mis estados tristes y melancólicos. Aprendí a no dejarme derrotar por las adversidades cotidianas y conseguí ser una persona más serena y ecuánime, algo muy valioso trabajando en este oficio. Aprendí a no darle demasiada atención a todo aquello no lo merece, y también a resolver mis problemas en lugar de permitir que me abrumen poniéndome nerviosa o de mal humor, lo cual me sirvió muchísimo para lidiar con los pasajeros más complicados y con los avatares de la vida en cabina. Descubrí mi lado femenino. Dejé de esconderme. En general decidí convertirme en una mejor persona y, de algún modo, creo que en retribución empecé a ser más feliz, a desempeñarme mejor en el trabajo, y consecuentemente a sentirme más plena y satisfecha con todo a mí alrededor.

A principios del 2001, dejé mi vida en la ciudad donde vivía con veinticuatro años y me trasladé a los Emiratos Árabes Unidos para empezar una nueva aventura trabajando en una línea aérea de ese pequeño país situado en la costa oriental de la península arábiga. Gracias a esta profesión he llegado a recorrer casi la totalidad del mundo. He conocido cuatro continentes y decenas de ciudades alrededor del globo, como Shangai, Bangkok, Hong Kong, Singapur, Sydney, Londres, París, Milán, Frankfurt, Khartoum, Entebbe, Dar es Salaam, Nairobi, Johannesburgo, Estambul, El Cairo, Doha, Riyadh, Casablanca, Beirut, Damasco, Teherán, Bombay, Nueva Delhi, Karachi, entre muchas otras. Un sueño que jamás había imaginado siquiera y que probablemente nunca hubiera conseguido de haberme quedado en mi país.

El caso es que a pesar de que muchos crean que durante su carrera como azafata de vuelo una debe haber llegado a experimentar las más aterradoras, aberrantes y excitantes aventuras que puedan concebirse viajando a miles de metros de altura, tendré que decepcionar a varios confirmando que la mayoría de esas circunstancias no las suele ver casi nadie en todos sus años profesionales, y que son acontecimientos que pertenecen más al ámbito cinematográfico que al de la vida real, aunque no se pueda negar que muchos de esos relatos que vemos en las películas de acción realmente hayan sucedido en la historia de la aviación. En mi caso, yo no podré narrar aquí las tribulaciones de un aterrizaje forzoso por fallos mecánicas, o la histeria vivida durante un tenso y largo secuestro a manos de terroristas, ni la salvación milagrosa ante una precipitada caída en alta mar por inclemencias de la naturaleza. Quizá lo más insólito y anormal que me ha sucedido en los años que he pasado trabajando en el aire hayan sido dos situaciones que me enfrentaron a la muerte. No la mía propia, ni la de los ocupantes del avión entero, pero si la de un par de individuos que estaban a bordo de dos vuelos que tuve bajo mi turno. Una muerte repentina, y un intento de suicidio.

Recuerdo que llevaba pocos meses trabajando en la aerolínea cuando sucedió la primera historia. Yo estaba a cargo de la atención en la primera clase por lo cual solamente fui testigo no partícipe del fúnebre acontecimiento, ya que el protagonista era un pasajero de la clase turista. No habría tenido más de cincuenta años. Según el relato de la persona que viajaba a su lado, el hombre no mostró ningún síntoma que anunciara alguna anomalía ni mucho menos su muerte. Comió su cena sin contratiempos, se levantó para ir al baño, volvió a su asiento, y una vez acomodado se estiró en un bostezo, y con las mismas se desplomó, dejando caer repentinamente los brazos y la cabeza, del mismo modo en que caería un títere si los hilos que le sostienen se destemplaran de un instante a otro. En un principio, su vecino de asiento se sorprendió, pero lo primero que se le pasó por la cabeza fue pensar que se había dormido de pronto. Supongo que en ese momento le habría parecido más probable que el hombre fuese un narcoléptico a que se hubiese muerto de golpe. Cuando cayó en cuenta de la realidad de la situación informó discretamente a una de las azafatas que pasó por su lado, y ésta se encargó de pedir asistencia a otros dos colegas suyos para trasladar el cuerpo hacia la zona posterior del avión, donde intentaron aplicarle la técnica de resucitación cardio-pulmonar, al igual que la de reanimación por electroshock través de un desfibrilador, pero sin lograr ningún tipo de resultado positivo. La suerte ya se había echado, no hubo nada que hacer. Luego de los infructuosos esfuerzos de mis compañeros por devolverle a la vida, no quedó más remedio que apoyarle sentado sobre una de las puertas de los contenedores de comida y cubrirle con unas cuantas mantas. Aún recuerdo verle los dedos del pie descubiertos, ya casi perdiendo su color rosado por la falta de irrigación sanguínea y virando hacia un tono azulado. Ninguno de los pasajeros se enteró de lo sucedido, el vuelo no estaba lleno, la mayoría de las luces iban apagadas y mucha gente ya dormía. Yo tuve que sobreponerme inmediatamente al impacto de lo presenciado, y volver a mi puesto en la parte frontal del avión.

Pero esta experiencia, aunque triste y sorpresiva, no tiene punto de comparación en intensidad y crudeza con el segundo encuentro que tuve con la muerte trabajando en un avión. Todo sucedió tan rápido y fue tan caótico que no tuve tiempo de llegar a ver la escena hasta el momento en que me acerqué, nuevamente desde mi puesto de trabajo, a la zona posterior del avión, donde me sobresaltó la visión de un cuerpo ensangrentado desparramado sobre el suelo y siendo atendido por tres de mis colegas de la clase turista. Una de ellas pudo relatarme después, nerviosa y aturdida aún, cómo le pareció sospechosa la excesiva demora del pasajero dentro del lavabo. Al acercarse a la puerta pudo ver el interior a través de una mirilla especial que se encuentra justo debajo del seguro de la puerta, y quedó petrificada por la cantidad de sangre que vio regada sobre el espejo partido, y por la ausencia física del pasajero en su campo visual, bastante limitado por la angostura de la mirilla.

Fue entonces que pidió auxilio a uno de sus compañeros para abrir la puerta y verificar el estado del pasajero. Cuando finalmente pudieron entrar al lavabo se encontraron con el sujeto en el suelo, desmayado sobre un charco de su propia sangre entre el inodoro y la pared, con severos cortes a la altura del cuello y en ambas muñecas, y un pedazo filudo del espejo roto en la mano. Le llevaron apresuradamente hacia el *galley* (la zona donde se almacena la comida y bebida) para intentar detener la profusa hemorragia y salvarle la vida. Cuando llegue al lugar mis compañeros ya habían logrado detener el sangrado a través de múltiples vendajes. Había compresas empapadas de rojo regadas por todo el suelo. Mis compañeros, bañados en sudor, respiraban agitadamente mientras intentaban reanimarle, lo cual consiguieron luego de varios minutos de desconcierto. Al aterrizar el avión una ambulancia esperaba para llevarle al hospital. Nadie se enteró nunca de las razones que le llevaron a cometer semejante acto en mitad de un vuelo, pero es evidente que su intento de suicidio, y todo lo sucedido posteriormente, causó un efecto traumático en las personas involucradas en su rescate. Lo peor de todo es que el incidente ocurrió a la ida de un viaje que por sí mismo ya era bastante largo, pero que a nosotros, bajo la perturbación causada por las funestas circunstancias, se nos hizo interplanetario; partía de Dubai con destino a Auckland, en Nueva Zelanda, haciendo escala en Singapur y luego en Melbourne, pasando las noches en ambas ciudades. Por ende, mis compañeros, absolutamente conmocionados por la experiencia, no pudieron recibir la atención psicológica, que en casos similares brinda la aerolínea, hasta cuatro días más tarde cuando finalmente arribamos a Dubai.

Hubo también el caso de un motor encendiéndose en llamas por un error técnico a veinte minutos de iniciado el vuelo. Si bien demostré tener mucha profesionalidad para mantener la calma y transmitírsela a los pasajeros, debo reconocer que estaba aterrorizada, y que casi podía escuchar el temblor de mis piernas mientras imaginaba el peor escenario; porque si un incendio a diez mil metros de altura no se controla en los primeros veinte segundos entonces es casi seguro que esa historia no la cuentas. Felizmente, a medida que iba comunicando a los pasajeros nuestro retorno a tierra para solucionar un fallo técnico, me enteré de que el fuego había sido controlado hacía un buen rato mediante el sistema de extinción que viene incorporado en cada uno de los motores. El suceso aconteció tan rápido que cuando me enteré de lo ocurrido ya todo había terminado, el incendio se había manejado desde la cabina de vuelo y los pilotos no habían tenido ni tiempo para informar a la tripulación sobre los pormenores. Y yo que, por dentro, ya me imaginaba como un chamuscado numerito más de las estadísticas anunciadas en los titulares informativos de esa misma noche.

En el aire he llegado a experimentar algunos avistamientos francamente alucinantes. Una vez el comandante mandó llamar por el interfono a cualquier tripulante que estuviese libre en ese momento. Me acerqué distraída al *cockpit*, que es la cabina de vuelo, y nada más entrar me encontré con unas nubes de fuego tras el parabrisas. Afuera había una tormenta eléctrica intensa pero además de los rayos y los relámpagos, también se estaba produciendo un espectáculo luminiscente conocido como el Fuego de San Telmo. Era un resplandor brillante azulado que aparentaba ser una danza de lenguas ígneas. Había escuchado sobre este fenómeno que suele aparecer en atmósferas cargadas de electricidad pero yo nunca lo había presenciado. Me quedé absorta observando la insólita danza iridiscente como una niña embobada mientras alrededor, en el cielo nocturno, los rayos eléctricos ornamentaban la imagen con trazos fulminantes que parecían cuartear el cielo en mil.

Sobrevolando el norte de Tanzania tuve la suerte de posar mis ojos sobre otra maravilla de la naturaleza. Entré en la cabina de vuelo para ofrecer un poco de café a los pilotos y entonces me suelta el capitán, como quien comenta la más trivial de las cosas.

—Ah mira, ¿quieres ver el Kilimanjaro?

Y ahí afuera, tras el cristal de la cabina y la panorámica visión que permite, había un océano flotante de nubes plácidas entre las cuales emergía imponente, cubierta de nieve, la cumbre más alta del continente africano. ¡Una maravilla!

Pero los más curiosos avistamientos, los cuales me han pasado hasta en dos ocasiones, sucedieron en vuelos nocturnos. La primera vez fue la que ostentó mayor autenticidad. Llamó el comandante por el interfono con una muy inusual alteración en su voz:

—¡Rápido, que venga alguien!

Como yo estaba en el *galley* de la primera clase era la más cercana a la cabina de vuelo, así que me dirigí raudamente hacia allí imaginando toda serie de situaciones comprometidas que pudiesen propiciar una llamada tan inquietante por parte del capitán. En un par de segundos pasó por mi mente la posibilidad de un fuego en la cabina, de un desmayo, de un corto circuito, de un fallo en los instrumentos de vuelo, de un infarto, y cien fatalidades más. Abrí la puerta aterrada por lo que me esperaba dentro.

—¡Mira, mira! —exclamó el capitán apuntando hacia la negra noche afuera—. ¡Un ovni!

¡En efecto! ¡Tenía que ser un ovni! Eran tres luces blancas muy brillantes que formaban un imaginario triángulo. Estábamos el comandante, el primer oficial, y yo observando esta misteriosa aparición que se trasladaba en movimientos repentinos y aleatorios a unos cuantos cientos de metros delante de nosotros. Aparecía en el radar pero no tenía ningún código de identificación, lo cual anulaba la posibilidad de que fuera otra aeronave. Al cabo de un rato hizo unos movimientos zigzagueantes y desapareció como si nada. A mí me recorrió un escalofrío por la espina. Los tres estábamos alucinados. Luego empezamos a bromear sobre una abducción súbita e imperceptible de alguno de nosotros para ser reemplazado por un extraterrestre, y nos reíamos con la ocurrencia. Pero en el fondo creo que todos nos quedamos muy desconcertados e, incluso, algo atemorizados por el inexplicable suceso.

Pero es muy habitual que exista esa camaradería entre los miembros de la tripulación. Siempre nos estamos haciendo bromas con el afán de matar el tiempo y la monotonía de esos viajes que parecen perpetuarse en el aburrimiento. Y durante las estancias en las ciudades a las que viajamos a veces nos terminamos juntando en una de nuestras habitaciones y departimos con bebidas y música. En una de esas reuniones terminamos jugando a «Verdad o Castigo», y el capitán escogió lo segundo, por lo cual se le imputó la chiquillada de anunciar por el altavoz en el viaje de vuelta algo descabellado. Al día siguiente todos nos olvidamos del asunto mientras nos dedicábamos a cumplir nuestras labores en la cabina. Transcurrió el vuelo en su totalidad sin mayores imprevistos, y cuando nos acercábamos a nuestro destino se activa el sistema de megafonía e irrumpe la cálida voz del comandante con ese tono moderado y las inflexiones ondulantes que suelen utilizar en dichos anuncios.

—Muy buenos días, señores pasajeros, les habla el comandante para informarles que nos estamos aproximando a nuestro destino final. Estaremos aterrizando en la ciudad de Dubai en unos quince minutos, aproximadamente, y la hora local es once con veintitrés minutos. Nos espera un día espléndido de verano con una temperatura de menos dos grados centígrados. En nombre de la tripulación, muchas gracias por escoger nuestros servicios, y esperamos tenerles nuevamente con nosotros muy pronto.

—¿Ha dicho menos dos? —me preguntó mi compañera frunciendo el ceño.

Nos asomamos por el pasillo buscando la mirada cómplice con el resto de los tripulantes que habían estado la noche anterior jugando. Todos nos reímos a la distancia. Entre el pasaje hubo unas pocas caras de desconcierto, pero la mayoría ni cuenta se dio. Es que igualmente muy pocas personas suelen escuchar estos informes, y además, la modulación tan ordinaria con la que dejó caer la incongruencia el capitán propició su paso casi desapercibido entre los oídos que viajaban en dicho vuelo. Estoy segura de que, con el mismo tono, podría haber dicho que aterrizábamos en Hawai o que el avión estaba en llamas, y aún así serían escasos los gestos de confusión entre la gente sentada en cabina.

En muchas ocasiones también solemos hacer gala de la camaradería y del buen humor entre los miembros de la tripulación durante los anuncios que se hacen por el altavoz. Y es que trabajando durante tantas horas encerrados en un espacio tan pequeño se hace necesario recurrir al sentido del humor para sobrellevar el aburrimiento y la rutina. He escuchado a compañeros míos decir cosas muy graciosas por el sistema de megafonía, y también las hay otras muy buenas que me han sido contadas. Recuerdo varias alocuciones realmente jocosas.

—Damas y caballeros, como habrán podido dolorosamente comprobar, el piloto acaba de aterrizar en nuestra ciudad de destino. De parte de todos los trabajadores de esta aerolínea nos gustaría agradecerles por haber volado hoy con nosotros, y por favor tengan mucho cuidado al abrir los compartimentos del equipaje ya que algunos de ustedes podrían morir a causa de la caída de aquellas maletas que se desacomodaron durante nuestro abrupto aterrizaje.

Recuerdo que en otra ocasión, luego de un vuelo con mucha turbulencia y fuertes vientos, pude percibir cómo el piloto tuvo que luchar arduamente contra las corrientes de aire para ejecutar un aterrizaje dificultoso. La voz de la jefa de cabina se dejó escuchar:

—Señores pasajeros, bienvenidos a la ciudad de Dubai. Por favor, permanezcan en sus asientos y mantengan sus cinturones de seguridad abrochados mientras el comandante traslada lo que queda del avión hacia la terminal de salida.

Y al final de un vuelo, mientras esperábamos en la pista de aterrizaje a que pasara delante otra aeronave, muchos pasajeros impacientes comenzaron a ponerse de pie y a recolectar sus equipajes de los compartimentos. El sobrecargo anunció por el altavoz:

—Este avión está equipado con un sistema de video-vigilancia que monitorea la cabina durante el rodaje. Todos los pasajeros que no permanezcan en sus asientos hasta que la aeronave se detenga por completo serán cacheados al desnudo antes de abandonar la cabina.

Luego también hay otros anuncios que suelen salir desde el cansancio o el mal humor de algún contrariado tripulante.

—Bienvenidos a bordo del vuelo 2711 de la aerolínea Air con destino a la ciudad de Viena. Para abrochar el cinturón de seguridad inserte la lengüeta en la hebilla y ajuste a discreción. Funciona exactamente igual que cualquier otro cinturón de seguridad. Y si no sabe como abrochárselo entonces tal vez no debería estar en un lugar público sin alguna clase de supervisión. En el caso de darse una repentina pérdida de presión en la cabina, máscaras de oxígeno caerán de los compartimentos superiores. Deje de chillar, coja la máscara y póngasela sobre la cara. Si está viajando con un niño pequeño primero asegúrese de colocar bien su propia máscara y luego asista al niño. En el caso de estar viajando con dos niños pequeños decida ahora cuál es su favorito. El clima en nuestra ciudad de destino es de diez grados bajo cero, así que prepárese para congelarse hasta los huesos. Muchas gracias, y recuerde… nadie le quiere más a usted y a su dinero que Air.

También me acuerdo de haber escuchado historias sobre algunos comentarios que suelen hacer las azafatas durante las instrucciones de seguridad con el objetivo de amenizarlas, despojándolas de su carácter tan serio y protocolar.

—Mientras nos preparamos para despegar, por favor cierre la bandeja que tiene delante y asegúrese de que su asiento esté completamente erguido en la posición más incómoda.

—Es posible que haya cincuenta formas de abandonar a un amante pero solamente existen seis formas de abandonar este avión.

—Los cojines de sus asientos pueden ser utilizados como flotadores, y en el caso de un amerizaje de emergencia pueden llevárselos por cuenta de la casa.

—En este vuelo sí que tenemos una sección de fumadores. Si tiene la necesidad de fumar contacte con alguno de los miembros de la tripulación y será amablemente invitado a sentarse en el ala del aeronave.

—En el caso de una despresurización de la cabina, las máscaras de oxígeno caerán desde el compartimiento que se encuentra encima de sus asientos. Por favor, colóquela sobre su boca y nariz antes de asistir a los niños y a los adultos actuando como niños.

—Conforme vayan saliendo del avión asegúrense de llevarse todas sus pertenencias. Todo aquello que dejen atrás será equitativamente repartido entre los miembros de la tripulación. Por favor no dejen niños ni cónyuges. El último en salir del avión deberá limpiarlo.

Y también están los anuncios o comentarios que hacen los pilotos que muchas veces suelen ser los más bromistas. Durante un aterrizaje, mientras el avión desaceleraba su marcha, se dejó escuchar en la cabina de pasajeros una voz solitaria escapándose por el altavoz.

—¡Soooo, grandullón, soooo!

En otros vuelos los comandantes se inventan tonterías para no aburrirse.

—Señores pasajeros, voy a apagar la señal de abrocharse el cinturón. Por favor, siéntanse con toda comodidad para desplazarse con libertad absoluta, pero les ruego que permanezcan en el interior del avión hasta que aterricemos... hace un poco de frío afuera y si caminan por las alas afectarán el patrón de vuelo.

—Hemos alcanzado la altitud de crucero y ahora mismo estoy apagando la señal de abrocharse los cinturones. De igual manera estoy activando el piloto automático así que podré salir ahí afuera para departir con ustedes durante el resto del vuelo.

Y luego está la del piloto que les quiere jugar una pasada a las azafatas y que anuncia durante el mensaje de bienvenida:

—Estamos sumamente complacidos de tener en nuestro equipo a algunas de las mejores auxiliares de vuelo de todo el sector. Desafortunadamente ninguna de ellas se encuentra a bordo de este avión.

Pero dejando el humor a un lado, hay otros aspectos sobre el entorno del auxiliar de vuelo que a mí, personalmente, me llama mucho la atención. Habiéndome licenciado en diseño de modas, desde que empecé a volar me he interesado cada vez más en el desarrollo y los diferentes estilos de la indumentaria que se utiliza en el mundo de la aviación comercial. Dependiendo de cada compañía, los uniformes que vestimos pueden llegar a ser muy incómodos, calurosos, demasiado reveladores, o simplemente horrendos. Por ejemplo, en algunas aerolíneas de Medio Oriente nos obligan a llevar ciertos accesorios de la vestimenta típica de la mujer musulmana, como una especie de chalina que se desprende de un lado del sombrerillo para dar vuelta debajo del cuello y luego cubrirnos la cabellera. Los pantalones de algunos uniformes a veces llegan hasta el ombligo causando dolores abdominales luego de tantas horas de ajustado viaje. En otras aerolíneas las minifaldas suelen ser demasiado cortas complicando nuestra labor tanto por el fastidio de tener que estarse cuidando a la hora de buscar esa lata de gaseosa del ultimo cajón del *trolley*, como por la incitación a la vulgaridad que propicia en algunos pasajeros impertinentes.

Pero es muy interesante el curso que ha seguido la historia de la indumentaria de los tripulantes de cabina. Los uniformes originales de azafata fueron diseñados para ser prácticos, durables e inspirar confianza en los pasajeros. Las primeras azafatas de United Airlines, durante la Primera Guerra Mundial, llevaban boinas y capas verdes, y zapatillas de enfermera. Otras compañías como Eastern Airlines directamente vestían a sus tripulantes en uniformes de enfermera. Tal vez reflejando el pasado militar de muchos pioneros de la aviación comercial, varios de los primeros uniformes de las auxiliares de vuelo tenían una fuerte apariencia castrense; faldas, chaquetas y sombreros mostraban simples líneas rectas y detalles militares como los galones o los botones de latón. Muchas aerolíneas tenían versiones distintas para sus atuendos dependiendo de la estación, variando el color y el material en concordancia con el tiempo. Durante el invierno se llevaban uniformes de color azul marino, y en verano eran de color caqui. Pero conforme el papel de la mujer fue cobrando mayor relevancia en el campo de la aviación comercial, empezaron las compañías a reconocer el valor publicitario de sus azafatas para usufructuar y beneficiarse económicamente de él. Fue entonces cuando, a partir de finales de los años treinta y principios de los cuarenta, se implementaron líneas más femeninas e hicieron su aparición los colores cálidos. En los liberales años sesenta y setenta comenzaron a estilarse las faldas que llegaban a la altura de los muslos, coquetos vestidos cortos de una sola pieza y chaquetas ceñidas hasta la cintura. Algunas aerolíneas empezaron a encomendar diseños a marcas importantes de ropa, y otras incluso se animaron a solicitar los servicios de reconocidos diseñadores de moda para la creación de uniformes distintivos y atrayentes.

Air France, por ejemplo, que ya tiene una conocida tradición de alta costura, como quedó patente en su asociación con las casas de diseño de Dior o de Balenciaga en el pasado, mantuvo su elegante costumbre solicitando para sus uniformes más recientes la colaboración del afamado Christian

Lacroix, quien ha creado más de cien accesorios para ataviar a la tripulación francesa con chaquetas de lana pura y zapatos de cuero de ternera, entre otros detalles. Cuando llegó el momento de las pruebas, la aerolínea tuvo que despachar a un equipo de sesenta sastres para tomar las medidas personales de nada menos que treinta y un mil tripulantes. Por su parte, British Airways contrató a la estrella de Givenchy, el diseñador Julien McDonald, quien se pronunció sobre su obra diciendo que quería crear un uniforme que devolviera el glamour al mundo de la aviación comercial. Sus diseños van ceñidos al cuerpo aunque sin revelar demasiada piel, e incluyen ornamentos personalizados como los puños marcados por el logo de la compañía. Asimismo, Delta Air Lines llamó al diseñador de celebridades de Hollywood, Richard Tyler, para idear el nuevo *look* de su tripulación, en tanto que Korean Air estrenó los atuendos creados por el italiano Gianfranco Ferré, los cuales incluyen pantalones por primera vez en la historia de la aerolínea. Bastante conocida es, desde luego, la contribución estilística del renombrado diseñador de modas, Adolfo Domínguez, con la aerolínea de bandera española a partir del año 2005. El gallego empezó a vestir al personal de tierra y a los tripulantes de cabina de Iberia con sus famosos cuellos en uve, al igual que con estilizadas faldas y con la opción de novedosos pantalones que terminaron por romper con la histórica tradición de la azafata española mostrando sus pantorrillas. La sobria vestimenta ideada por el diseñador eliminó los clásicos complementos del pasado, como pañuelos y lazos, aunque él aseguraba que le hubiera gustado incluir sombreros; una propuesta que fue rápidamente descartada por la compañía debido a su poca funcionalidad.

Ya me gustaría a mí volar con alguna de estas aerolíneas que se precian lo suficiente como para encargar a las agujas más vanguardistas de la moda la confección de una mejor imagen a partir del *look* de sus tripulantes. Me encantaría poder trabajar con un atuendo más cómodo y moderno en lugar de tener que portar esos atavíos de colores tan sombríos y aburridos, y de diseños tan ortodoxos que nos obligan a usar en mi actual compañía. Pero bueno, no podemos tenerlo todo en esta vida. Al menos la paga es de lujo, lo cual ya me compensa.

Patricia, 26 años

Se desempeñó en el sector de la contabilidad hasta hace tres años cuando decidió cambiar la rutina del trabajo de oficina y empezó a volar con una línea aérea del Golfo Pérsico. No considera que sea una vida fácil pero los jugosos beneficios económicos compensan los sacrificios.

Mi primer trabajo como tripulante de cabina de pasajeros me llevó a estar destinada en Bahrein, y la verdad es que no tenía grandes expectativas sobre la vida que me aguardaba en dicho país. De alguna manera sabía qué esperar del Medio Oriente ya que pasé varios años de mi infancia en Argelia. Sentía que Bahrein era muy plano y aburrido, y me desagradaba el hecho de que, sin importar por donde fuese, me cruzaba siempre con el mismo tipo de gente. Todo ahí era monótono, uniforme, y para colmo el conjunto de destinos a los que viajaba la aerolínea era de por sí bastante reducido, por lo cual mis ansiados momentos de escape a ciudades más atractivas solían quedárseme demasiado cortos la mayor parte del tiempo. Mi destino favorito, sin lugar a dudas, era Singapur, por su variedad y riqueza gastronómica, así como por la amplia oferta de ocio que tiene. Lo de estar tan lejos del hogar y la familia puede ser muy duro a veces, sobre todo cuando te toca mudarte a un país que culturalmente es tan distinto de aquello a lo que una está acostumbrada. Siempre sentí que no podía ser autentica ahí. Tal vez me equivoque al decirlo, pero en mi experiencia he llegado a la conclusión de que la gente del Medio Oriente espera que los extranjeros tengamos ciertos prejuicios contra ellos, y aunque no haya nada ofensivo en lo que digas o hagas, esa proyección es todo lo que ellos ven. Es por eso que me encantan los viajes con *layovers* (estancias durante el tránsito hacia el destino final o regreso), porque me permiten alejarme y distraerme de esta sociedad en la que no termino de sentirme enteramente cómoda.

Una de las cosas que más odio de la vida que he escogido es el hecho de estar empacando y desempacando la maleta todo el tiempo, y eso de estar siempre apurada corriendo de un lado a otro. Encuentro especialmente difíciles los vuelos nocturnos porque prácticamente no hay mucho qué hacer y debes intentar mantenerte despierta por cualquier medio. La mayoría de los tripulantes combaten el sueño platicando entre sí, pero yo prefiero evitarlo porque el chisme no me gusta para nada. Los típicos temas de conversación suelen tratar sobre quién se acostó con quién, cuál es la última serie de televisión a la que se han enganchado, y qué color de lápiz labial llevan puesto. En todos los años que llevo volando me he relacionado bastante bien y sin mayores altercados con el resto de mis colegas, aunque todavía recuerdo a un capitán con quien me tocaba volar muy a menudo y al que no soportaba en absoluto porque en lugar de mirarme a los ojos tenía siempre la vista bien clavada en mis pechos.

Hay un tema en particular que he empezado a encontrar desolador y éste gira en torno al corazón. Yo no tengo novio, y es muy posible que sea el plano sentimental uno de los aspectos más complicados de conciliar con este tipo de trabajo y modo de vida. Yo nunca he creído en las relaciones a distancia, y mucho menos en iniciarlas así. Me parece poco saludable. En Bahrein, los hombres a los que conocí nunca estuvieron interesados en empezar una relación seria, la mayoría de ellos están ahí temporalmente con el único objetivo de ganar dinero para luego marcharse, un caso bastante repetido en los países del Medio Oriente. Asimismo, he descubierto que muchas personas en cierta manera se transforman cuando llegan a esta región del mundo, probablemente a causa del dinero fácil, del estilo de vida cómodo, y de las influencias del ambiente. Entonces resulta que al final ellos sólo buscan divertirse, y no es poco frecuente que incluso muchos de ellos tengan novias y esposas esperándoles en casa, es así que por estas razones se me ha hecho tristemente desalentadora toda la idea de salir en citas y demás formas de cortejo y seducción. Aunque conozco a muchas azafatas que mantienen una relación amorosa con otro colega o con algún miembro de la tripulación de vuelo, yo nunca he salido con ninguno. Tengo la impresión de que sería un total desastre porque es el tipo de trabajo en el que la tentación está presente constantemente y es muy fácil caer en la infidelidad.

La verdad es que volar no me parece divertido, trabajar en esta industria es muy duro, pero al menos existe cierto tipo de variación, a diferencia de la tediosa rutina de un empleo de oficina. En este ámbito siempre hay espacio para la sorpresa, y para ello juegan un papel fundamental los pasajeros, que son un cada uno universo aparte. Entre las situaciones más descabelladas y jocosas en las que me he visto involucrada recuerdo aquella, durante un vuelo a Islamabad, en la que al abrir la puerta de un baño que no tenía puesto el seguro, me encontré con un hombre orinando sobre el lavamanos. Pasmada por mi imprevista irrupción en tan privada escena cerré la puerta de golpe y seguí caminando nerviosamente. Pero unos segundo después, al superar el impacto inicial de toparme con un pene pakistaní, decidí regresar, abrí la puerta, y con mucha educación, procurando contener la carcajada y mantener los ojos hacia el frente, le mostré el lugar más apropiado donde poder terminar con su desubicada vulgaridad. Exabruptos de este tipo suceden todo el tiempo, considerando que hay mucha gente que no ha volado nunca en su vida y que no conoce el ejercicio adecuado de las normas a seguir en una aeronave. Nunca falta el caso de alguna señora que me haya venido a preguntar donde está el lavabo de mujeres, y hasta me he tropezado con unos pasajeros de origen árabe que viajaban con pasaporte del Reino Unido indagando sobre el lavabo para ciudadanos británicos.

Recuerdo en un vuelo a Shangai, mientras me dirigía hacia el *galley* posterior, percibí el olor de un cigarrillo emanando de uno de los baños que tenía la puerta entreabierta. El caso es que me encuentro con un señor chino de edad avanzada sentadito sobre el retrete fumando tan orondo y que, sin mostrar el menor ápice de sorpresa, me hace un ademán con la mano para que le dejé en paz y le cierre la puerta. Yo me quedé alucinada por su inconmensurable frescura, tanta que ni caso me hizo cuando le solicité que extinguiese el fuego.

Si hay algo que verdaderamente me molesta sobre mi profesión es la forma en que somos percibidas por el resto. Me parece que la gente no se toma en serio la labor que desempeñamos, como si no considerasen que fuese un trabajo real, y mucho menos un trabajo arduo. Existe el estereotipo de que todas llevamos un estilo de vida lujoso, con grandes sueldos y frívolo interés por el glamour y la diversión. Puede que haya personas que calcen dentro de este perfil, pero me parece un problema que todas seamos juzgadas bajo esos parámetros.

Mar, 29 años

Esta atractiva auxiliar de vuelo voló durante dos años para una compañía establecida en la costa oriental de la península arábiga. Debido al incremento salarial y a la conveniencia de un mejor calendario laboral decidió incorporarse a una aerolínea privada en un vecino país. Su belleza física le ha supuesto ser víctima de algunos abusos en el ámbito del trabajo.

Al ser contratada para trabajar con base en Dubai, un lugar poblado por gente de todos los rincones del planeta, durante los primeros meses sufrí mucha añoranza por mi hogar. No me agradaba la ciudad, me parecía que la gente era falsa y que yo no le importaba realmente a nadie, incluyendo a las personas con las que, en teoría, tenía cierto grado de amistad. Lo más duro al principio fue sentir que no podía contar siquiera con un amigo cercano. Hasta el día de hoy recuerdo un suceso de poca relevancia pero que a mí me hizo sentir completamente sola. Tenía un dolor de muelas insoportable y la sola idea de ir al dentista me daba pánico, necesitaba que alguien me acompañase pero ninguno de mis supuestos amigos se dignó a hacerme un favor tan simple como ése. Me tuve que armar de valor y, corroída por el miedo, terminé yendo sola a la consulta. Departiendo con otros colegas he descubierto que no soy la única en esta profesión a la que le cuesta crear vínculos reales de confianza y amistad.

En mis primeros vuelos no dejaba de pensar qué diablos estaba haciendo en ese lugar tan inhóspito. Fue un choque cultural tremendo, todo era tan distinto a mi ciudad natal. Las rutas más rentables de la aerolínea abarcaban la India, Bangladesh y Sri Lanka, y la mayoría de los pasajeros en esos vuelos eran personas muy incivilizadas, sucias y malolientes. Sus códigos de comunicación me impresionaron por la prepotencia y escasez de modales que exhibían. Solían dirigirse a mí llamándome «hermana» o chasqueaban los dedos cuando querían ser atendidos. Distaba todo demasiado de la imagen perfecta que percibía cuando veía en el aeropuerto a la tripulación elegantemente uniformada y con una sonrisa de concurso pintada en la cara.

Los vuelos de noche se me hacen realmente pesados ya que soy una persona diurna y necesito mis ocho horas de sueño en la oscuridad. Los horarios tan cambiantes de este trabajo terminan alterándote el organismo, afectando muchas veces tu estado de ánimo e incluso el de la salud. También encuentro que hay ciertas nacionalidades con las que se me hace difícil trabajar y comunicarme, prefiero no mencionarlas aquí pero me parece que hay algunas que suelen caracterizarse por sus problemas de actitud. No son extraños los casos de pasajeros que se pasan de tragos y se vuelven insoportablemente ruidosos y maleducados. Me pasó una vez, en uno de esos vuelos completos y muy ajetreados, tener que enfrentar a un pasajero que presentó una queja en mi contra sólo porque al entregarle el agua que me había solicitado en lugar de servírsela en el vaso le di la botella directamente. Armó un escándalo tan desproporcionado que parecía como si le hubiese prendido fuego al ridículo tupé que llevaba puesto o algo peor, y no había manera de calmarle. Tuve que presentarle mis disculpas encarecidamente en reiteradas ocasiones, aunque por dentro me moría de ganas de lanzarle su bendita botella de agua a la cara, o de gritarle que se la metiera por donde mejor le cupiese. Cual niño mimado se fue apaciguando una vez que le ofrecí cacahuetes, chocolates y demás compensaciones por mi ignominioso pecado. Y encima tuvo el descaro de empezar a tirarme los tejos. Tremendo delirio el suyo si pensaba que tenía siquiera una remota posibilidad conmigo después del bochornoso espectáculo que me montó.

Me ha pasado varias veces que coquetearan conmigo algunos pasajeros o miembros de la tripulación y que me invitaran a salir, pero nunca entré en el juego ni acepté los ofrecimientos. Yo tengo un novio al que veo todos los meses cuando me tocan los días libres y puedo volver a mi cálida isla, o cuando él decide venir a visitarme, y soy muy feliz con él. Aunque no estemos comprometidos todavía yo decidí, meses atrás, empezar a usar un aro en el dedo anular con la intención de disuadir a cualquiera que se intente poner sabrosón conmigo. Pero algunos individuos de la tripulación de vuelo, arrogantes y engreídos, se atribuyen ciertos derechos que considero una absoluta falta de respeto y una intrusión descarada en la intimidad. En un par de ocasiones me ha sucedido que, durante la estadía en un destino, el primer oficial llamara a mi habitación del hotel para invitarme a que le visitase en la suya; y una, a pesar de la rabia que le puede generar semejante atrevimiento, tiene que ser muy diplomática al rechazar estas proposiciones con el estoico afán de mantener una relación armónica con el resto del personal de la aerolínea. Y ésta no parece ser una contingencia esporádica porque historias iguales también las he escuchado en boca de otras azafatas, aunque al contarlas haya varias que lo hagan jactándose de sus poderes de atracción y conquista para con los pilotos de la empresa.

En los vuelos que viajan desde o hacia los países más populosos del mundo, es decir, China, India, Malasia, Indonesia, entre otros, suelen subir a bordo las familias más numerosas que se pueda uno imaginar. Y es que, además, parecen hordas incontrolables que van sembrando el caos y el bullicio por donde quiera que marchen, compuestas por padres, hijos, tíos, esposas, sobrinos, abuelos, primos lejanos, cuñados, nueras, empleadas domésticas, canguros, y faltaría poco más para que subieran las mascotas también sino se les obligara a facturar sus jaulas con el resto del equipaje. Entre tanta confusión, es de esperar que a la hora de bajar del avión alguien se olvide de algo: un maletín, un abrigo, un libro, un osito de peluche... ¿Pero olvidar a un bebé a bordo? Hay que estar verdaderamente cansado, distraído y un poco loco para dejarse al más pequeñín de la familia durmiendo plácidamente en su cuna sobre un asiento del avión ya casi vacío. Uno de mis compañeros le encontró y salió corriendo disparado por las escaleras, bebé a cuestas, para llevárselo a su familia que, tan despreocupada y sin sospecha alguna, ya se encontraba bien acomodada en el autobús que debía transportarles a la terminal de salida. Unas semanas después de la vergonzosa negligencia paternal volvió a suceder lo mismo, esta vez con una familia cuyos padres viajaban en primera clase y el resto de la atolondrada tropa se ubicaba en la clase turista. La totalidad de los pasajeros había abandonado ya las inmediaciones de la aeronave cuando, en la rutinaria revisión de los compartimentos de equipaje, otra compañera mía se encontró con una cuna que acogía a una criatura de no más de cuatro meses de vida. Todos los miembros de la tripulación rodeamos al chiquitín haciéndole muecas graciosas y mimos cariñosos para liquidar, si cabía, cualquier efecto traumático que pudiera asentarse en los esferas insondables de su inconsciente. Nos asombró el lugar tan enclaustrado escogido por los padres para colocar a su cría, pero sobre todo nos enterneció el corazón ver al pequeño jugando tan sereno con sus diminutos piececitos, totalmente indiferente al abandono casual del que había sido víctima. Aunque hubo alguna azafata que, con urgido instinto maternal, tuvo la loca ocurrencia de quedárselo, finalmente tuvimos que hacer entrega del bebé a la tripulación de tierra para que se hiciese cargo de contactar a la olvidadiza familia.

Si bien, en mi experiencia, la mayoría de los sucesos más absurdos suelen tener como protagonistas a los pasajeros, no faltan también algunos en los que son mis propios colegas los que cogen la antorcha para terminar haciendo gala de sus cómicas e inadvertidas habilidades. Como es de imaginar, el personal de las aerolíneas del Medio Oriente y del sudeste asiático está compuesto por tripulaciones internacionales. El lenguaje común, entonces, es el inglés, aunque no todos lo hablen a la perfección ni mucho menos. En esta especie de torre de babel de los aires suelen ocurrir incongruencias y disparates dignos de algunos episodios de Cantinflas o Los Tres Chiflados. Recuerdo en particular uno de los más descabellados que sucedió durante un procedimiento de seguridad.

Cuando un avión está en tierra con pasajeros a bordo y se debe recargar el tanque de combustible hay ciertos protocolos de seguridad a seguir. Una de las puertas debe estar abierta con la escalera ensamblada y la otra puerta debe estar armada, lo cual significa que tiene que estar en modo de evacuación, cerrada pero lista para desplegar el tobogán de emergencia con sólo abrirla, y así permitir que, ante cualquier eventualidad, los pasajeros puedan ser rápidamente evacuados. Una vez que la puerta armada se abre dicho vuelo queda anulado, la aeronave ya no se puede utilizar, y tal vez no sea necesario confirmarlo pero cada vuelo le cuesta miles de dólares a las compañías, por lo cual estos protocolos deben ser llevados a cabo con la más estricta rigurosidad. Para salvaguardar la operatividad de la nave el procedimiento a seguir manda que haya una persona de la tripulación de cabina vigilando la puerta armada para que ésta no se abra por error rompiendo así el protocolo de seguridad. En una ocasión, el tripulante al que se le había encomendado la función de cancerbero tuvo que abandonar su puesto de guardia para realizar alguna otra tarea y entonces le solicitó a su compañera, una chica coreana, que por favor cubriera la puerta por él. Ella, por supuesto, en sus escrupulosas nociones idiomáticas se tomó la misión al pie de la letra y cuando él regresó al puesto no encontró mayor rastro de la coreana que la puerta completamente abandonada. Pero, eso sí, bien cubierta con una manta.

Ahora que he empezado a volar para una compañía privada estoy segura de que será mucho más llevadera y fácil la labor. Definitivamente el tema de los días libres está mejor organizado, lo cual me permitirá volver a casa con mi novio para quedarme durante un mes entero por cada mes de trabajo. El sueldo también es bastante más elevado en el sector privado, con lo cual espero poder dejar esta vida pronto pues la única razón por la que lo sigo haciendo es porque acabo de comprarme un piso y necesito cancelar la deuda de la hipoteca.

Verónica, 34 años

Trabajó durante dos años para una compañía aérea que realizaba vuelos nacionales y luego ocho años más para una aerolínea con la que se desempeñó como sobrecargo en vuelos transoceánicos. Recientemente se ha incorporado al sector privado de la aviación comercial. Su ingreso a la vida de azafata fue una pura casualidad. Esta profesión le ha forzado a convertirse en una persona más amable y paciente aunque a veces sienta, por su personalidad, que está hecha para otro tipo de oficio.

Hace poco más de diez años compartía mi piso con una chica cuyo sueño supremo era trabajar como azafata. Un día se enteró de la convocatoria para trabajar en una aerolínea y me pidió que la acompañase a la entrevista para darle apoyo moral. Una vez que mi amiga salió de la oficina, cuando el responsable de Recursos Humanos me vio sentada afuera hojeando una revista, imaginando que también me encontraba ahí con el mismo objetivo que el resto de los aspirantes que aguardaban nerviosamente en la sala de espera, se acercó a preguntarme si acaso no pensaba pasar a la oficina, y como no tenía nada mejor que hacer pues le hice caso. Al final rechazaron la candidatura de mi compañera y me escogieron a mí. Supongo que jugó a mi favor el hecho de no tener ninguna expectativa y el estar tan cómodamente tranquila durante el cuestionario al que me sometió el entrevistador. En el caso de mi amiga le deben haber perjudicado los nervios y la ansiedad por conseguir el trabajo y realizar así el sueño que tanto había anhelado desde pequeña. Por mi parte, creo que debo haber hallado la clave para obtener el éxito en este tipo de situaciones porque exactamente lo mismo volvió a sucederme cuando, algunos meses atrás, acompañando a otra amiga mía quien tuvo la iniciativa, fui a una selección de candidatos para una aerolínea privada con la cual empecé a trabajar al poco tiempo. Ya a estas alturas debo haberme granjeado la reputación de ser una especie de talismán de efectos invertidos, y me imagino que ninguna compañera volverá nunca más a solicitarme el favor de mi compañía para brindar soporte anímico porque resulta que, al final, a ella tampoco la aceptaron.

Aunque lleve más de diez años volando, y a pesar de que otros imaginen que con el tiempo y la experiencia uno se va acostumbrando a las labores que la profesión comprende, la verdad es que aún encuentro muy difícil sobrellevar las implicaciones de este trabajo porque sucede que soy el tipo de persona que necesita su espacio, un poco introvertida aunque no tímida, me gusta que me dejen en paz y ocuparme de mis propios asuntos incluso pudiendo llegar al punto de que algunos me vean como una persona antisocial. Y las relaciones interpersonales en esta industria no funcionan así para nada. Cuando estás surcando los aires a una altitud de diez mil metros no hay lugar adónde escapar o esconderse. Así que, sin mayor opción, tuve que esforzarme mucho para aprender a ser más paciente y menos estricta respecto de las trivialidades y complicaciones de esta vida que escogí o que, más bien, me escogió a mí. En cierta medida creo haberlo logrado. Hoy en día consigo controlar mis emociones y aplacar los remolinos de mi mente, y en general me siento mucho más relajada.

Tengo novio y vivimos juntos. La verdad es que el hecho de estar tanto tiempo fuera de casa, con los horarios tan imprevisibles de mi trabajo, nos cae como anillo al dedo porque los dos somos personas muy independientes y valoramos mucho nuestro espacio individual. Incluso, el no compartir nuestras vidas de manera cotidiana y rutinaria hace que nos extrañemos bastante más de lo que suelen hacerlo otras parejas y que, entonces, apreciemos hondamente el poco tiempo que pasamos juntos. Algo que sí debo reconocer que encuentro complicado compaginar con el trabajo es el aspecto sexual de mi vida. Lo último que se me cruza por la cabeza cada vez que retorno de un viaje es la idea de hacer el amor con mi pareja, porque regreso extremadamente agotada y con la sola urgencia de meterme bajo las sábanas y sucumbir a los encantos de Morfeo. Pero si se da el caso de que he pasado varios días fuera, todo lo que mi novio desea es acostarse conmigo, por supuesto. Pero si a mí el cuerpo ni me da para meterme bajo el agua caliente de la ducha o de prepararme algo de comer, mucho menos me da para satisfacer sus necesidades libidinosas. Y es que además del cansancio, cuando vuelvo de haber estado en cabinas presurizadas a grandes altitudes, alimentándome de comida pre-cocinada, congelada y recalentada, me siento completamente estreñida, hinchada y llena de gases. ¿Qué espera él? ¿Que nada más entrar por la puerta de casa arroje las maletas al aire y, cual loba en celo, me lance en sus brazos para que me estampe contra la pared y tengamos el sexo más crudo y apasionado desde *El Imperio de los Sentidos*? Si casi necesito hasta un día entero para tirarme pedos y liberarme de los trastornos orgánicos que sufre mi cuerpo a cada retorno. No estoy para hacer de Kim Basinger en *Nueve semanas y media* o de Emmanuelle Seigner en *Luna de hiel.* Así que ya se lo tengo bien advertido al amante: nada de arranques lujuriosos hasta pasadas al menos las primeras veinticuatro horas de tregua. De todos modos, mi escasa disposición para el encuentro carnal inmediato sigue siendo un pequeño problema en nuestra relación.

Algo que muchos de mis colegas de profesión echan en falta en el trabajo es la posibilidad de consolidar amistades reales y perecederas porque estamos continuamente en rotación, y en compañías grandes los cuerpos de tripulantes de cabina suelen estar compuestos por miles de profesionales, entonces es inusual que te toque volar con los mismos compañeros de manera seguida. En lo que se refiere a mí, no hallo especialmente difícil el tema de no poder mantener amistades duraderas porque, como a lo largo de toda mi vida estuve mudándome constantemente, estoy bastante acostumbrada a que mis relaciones de amistad sean pasajeras y de corto plazo. Mi verdadero y mejor amigo es mi novio.

Entre las historias más extrañas que he podido presenciar durante mis años como azafata las ha habido de índole sexual y también de índole animal. Pero ni juntos ni revueltos, cada cosa por separado. Recuerdo que hace unos años me tocó trabajar con un sobrecargo de nacionalidad libanesa y que el tipo se pasó el vuelo entero jactándose de tener una masculinidad aventajada, es decir, que había nacido dotado con un miembro excepcional. Por supuesto, hubo algunas de mis compañeras entre las cuales causó revuelo tal información generando cierta curiosidad y mucho parloteo. El *purser* de gran envergadura se divertía mucho con la pequeña agitación que había iniciado en el gallinero del *galley* posterior, y como si escuchar las risitas de adolescente que se escapaban de las bocas de algunas de las azafatas, las que le oyeron mencionar su íntimo orgullo, fuese como echar mas leña al fuego de su vanidad, el sujeto continuó ufanándose sin mayor recato de la descomunal dimensión de su hombría. Llegó a tal punto la bendita discusión que terminó por hartarme y decidí confrontarlo. Si aquello que tanto pregonaba era tan cierto entonces no debería tener problema alguno en mostrármelo para que yo decidiese por cuenta propia si decía la verdad o no. En un principio intentó escaquearse con un repentino e inusitado ataque de discreción, pero yo me había hecho ya a la idea de llegar hasta las últimas consecuencias con el tan publicitado asunto de su mega genital, así que lo reté nuevamente aduciendo que si no lo hacía prácticamente estaría él mismo poniendo en evidencia su flagrante delirio de grandeza. Armado de valor, cuando nos quedamos solos, se me acercó y me dijo que si aún quería verlo él estaba dispuesto a enseñármelo. Así que se bajó la bragueta del pantalón y me mostró aquello de lo que tanto se había estado vanagloriando. Y como dice el refrán, que por algo son tan sabios, dime de qué alardeas y te diré de qué careces. No era grande ni mucho menos. En fin, nada digno de recordar. Pero el caso es que en ese preciso instante entró en escena una señora mayor que venía, vasito de plástico en mano, a buscar un poco de agua para tomarse unas pastillas y terminó encontrándose cara a cara con un pene colgando al descubierto. El alarido escandalizado que pegó la señora fue de tal agudeza que nos dejó congelados a los dos. Yo casi me sentí como una niña atrapada por sus padres *in fraganti* en pleno juego del despertar sexual con algún amiguito de la escuela. Pero mientras el sobrecargo, nervioso, intentaba por todos los medios reagruparse para subirse la bragueta, y yo acudía en ayuda de la anciana para apaciguar su ataque de nervios, el impacto de la impúdica visión fue tal en la inadvertida testigo que se le bajó la presión de golpe y terminó desmayándose ahí mismo. Cuando, minutos después, la mujer recobró la conciencia, le pregunté si se sentía mejor y lo primero que me contestó es que no se acordaba de nada. Ni me preguntó sobre lo que había sucedido antes de su desvanecimiento pero siguió repitiendo mecánicamente que no tenía memoria de nada. Yo pude intuir, tras sus ojos asustadizos aún y la exagerada reiteración de la negación, que la señora estaba optando por olvidar el vergonzoso avistamiento y hacer borrón y cuenta nuevo con algo que nunca sucedió. A esas alturas, el sobrecargo desenmascarado ya se encontraba en el extremo opuesto del avión, y supongo que habrá solicitado no volver a tenerme como azafata en su tripulación porque de él y de su escasa hombría nunca más volví a saber.

Años después, ya trabajando en la primera clase, me tocó atender a una pareja de mujeres que a todas luces eran lesbianas. No sólo por los cortes de pelo y los atuendos algo masculinos que llevaban puestos sino porque nada más subir al avión empezaron, sin tapujos, a hacer demostración publica de su afecto mutuo. Era evidente que ambas venían de beberse algunas copas en uno de los bares del aeropuerto porque se comportaban de un modo exuberante y emanaban cierto tufo alcohólico. En un primer momento el amor que se profesaban quedó de manifiesto con una serie de besos apasionados, pero luego las caricias empezaron a subir de tono y la temperatura de sus cuerpos se elevó tanto que una de ellas le cogió de la mano a la otra y se dirigieron hacia el baño para encerrarse juntas. Lo que ahí sucedió no fue misterio alguno para cualquiera de los presentes que percibieron la lujuriosa desaparición, pero como parte de nuestro trabajo consiste en mantener la más absoluta discreción para con nuestros pasajeros, especialmente con los de primera categoría, yo continué con mis labores sin mayor distracción. Al cabo de un rato salieron las dos, algo agitadas y transpiradas, con ciertos visos de frustración en las caras como si no hubieran logrado acomodarse en el lavabo, y entonces se dirigieron hacia el asiento suite. La aeronave en la que viajábamos era uno de los últimos modelos que la compañía había adquirido y portaba una serie de lujosas novedades en infraestructura, entre las cuales se encontraban las flamantes suites privadas de primera clase. En ellas se puede gozar de total intimidad y comodidad puesto que son compartimentos cerrados y de amplio espacio que tienen unos asientos que pueden reclinarse hasta convertirse en camas, además de un tocador, un mini bar personal, y un televisor de pantalla plana con más de seiscientos canales a disposición. Aunque muchos se imaginaban la fiesta que las chicas se estaban montado ahí adentro, nadie pudo verlas ni escucharlas. Pero, por más desagradable que esto pueda sonar, lo que sí es seguro es que todos los que estábamos en la cabina de primera clase pudimos olerlas.

Pero como no todo es sexo en las nubes, también tengo algunas historias divertidas con animales de protagonistas.

Una de ellas aconteció en un vuelo con destino a Londres. Media hora después del despegue, de un momento a otro apareció un papagayo revoloteando por la cabina de pasajeros de la clase turista. Y no era un loro domesticado que hiciera caso de su dueño, ni tampoco tenía las alas cortadas como suelen hacer algunos propietarios para evitar que se fuguen, porque este tropical animalito volaba a sus anchas por todo el interior del avión causando gran conmoción y alboroto entre los pasajeros. Al parecer, uno de los viajantes había subido a bordo con el ave en cuestión escondido en un bolso de mano y en determinado momento, tras un descuido, el papagayo se escapó y echó a volar. Toda la tripulación se reunió en la cabina mayor para dar caza al loro, y la ayuda de algunos pasajeros nos sirvió para parecer, si hubiéramos sido vistos desde afuera, sólo un grupo más grande de ineptos cazadores haciendo ridículos aspavientos y fútiles intentos por atrapar a una criatura que, sin duda, nos sacaba demasiada ventaja en rapidez e inteligencia. Intentamos poniéndole algo de fruta en una bandeja para ver si se acercaba pero ni caso le hizo a los trozos de mango y piña que le ofrecimos. El papagayo casi no se detenía para posarse en ningún lugar, volaba de un lado a otro de la cabina y, con los nervios que el pobre sufriría por semejante persecución, se cagaba por todas partes sin discreción alguna ni aparente final. ¡Cuánto le habría alimentado su dueño antes de subir al avión que el prófugo animal aparentaba llevar dentro un estomago de caballo! Cuando uno de nosotros parecía estar a punto de atraparlo, el lorito agitaba sus alas azules y lograba escabullirse en el último segundo. Mientras tanto, se oían gritos y carcajadas por todo el avión y la gente corría de ida y de vuelta por los pasillos zarandeando los brazos en alto. Se tropezaban unos con otros cuando, sin percibirse en el campo de la visión periférica, se abalanzaban sobre el ave y éste se elevaba por los aires dejando que los novatos cazadores se estampasen unos contra otros, o que aterrizasen aparatosamente sobre las cabezas y regazos de otros pasajeros que, con cómoda indiferencia, habían decidido no participar del acecho. Aquello parecía una feria o un burdel. Finalmente, luego de treinta fatigosos minutos, a uno de mis compañeros se le ocurrió la brillante idea de lanzarle una manta encima y así pudimos apresar al escurridizo pajarraco. Después, envuelto en la manta, lo llevó a uno de los lavabos y lo encerró adentro. Resultó ser que el pasajero que lo había introducido clandestinamente al avión lo llevaba de contrabando para venderlo en la capital inglesa. Cuando aterrizamos en el aeropuerto de Heathrow, la policía se llevó detenido al traficante y los responsables del departamento de aduanas se llevaron al exótico ejemplar para someterlo a una evaluación de riesgo de infección y ponerlo en cuarentena. Probablemente hayan terminado sacrificando al inocente animalito.

No es nada inusual que se den este tipo de situaciones, sobre todo en los vuelos que vienen del hemisferio sur porque es ahí donde se encuentran los espacios naturales en los que moran la clase de animales que es más apreciada por coleccionistas, confeccionadores de diversos productos y demás supersticiosos que buscan hacerse con parte o la totalidad de estas criaturas para fines que nada tienen que ver con el respeto a la vida salvaje.

En otra ocasión me tocó toparme con un mono. Recuerdo que era un vuelo nocturno y que la mayor parte de la cabina de pasajeros estaba a oscuras, casi todos dormían. Un chico joven que se ubicaba en una de las filas posteriores del avión me solicitó que le trajera un vaso de agua y cuando volví con el encargo me encontré con un par de ojitos enormes destellando en la oscuridad, mirándome fijamente y sin parpadear desde lo que parecía ser un pequeño bolso de mano que el pasajero llevaba sobre el regazo. Se trataba del mono más pequeño que nunca vi en mi vida, seguramente algún ejemplar de una de esas especies pigmeas. Cuando le pregunté al chico qué era aquello ni siquiera intento ocultarlo, lo sacó del bolso y me lo enseñó. Era la cosita más tierna y adorable que vi jamás. Tenía el tamaño de un pulgar y sus manitas eran más pequeñas incluso que una uña. Mantenía una expresión constante de sorpresa y se aferraba vigorosamente al dedo del joven que, sin mayores reparos, me lo mostraba. A pesar de la pena que me daba, sabiendo cual sería el posible destino del pequeño monito, tuve que reportarlo a la sobrecargo que a su vez se lo informó al capitán. Cuando llegamos a tierra ya había alguien esperando para llevarse a ambos por separado. El chico era muy simpático pero lo que estaba haciendo era ilegal, y uno nunca puede saber qué clase de enfermedades pueden transmitir este tipo de animales silvestres.

La última historia también involucra a un animal, pero nada tiene que ver con el transporte clandestino de especies en peligro de extinción sino todo lo contrario. Este bicho se coló por cuenta propia, y probablemente sea el único animal que no se extinguirá ni siquiera después de que una hecatombe nuclear o una debacle ocasionada por las fuerzas de la naturaleza que acaben con la humanidad entera. El capitán anunció por megafonía que el vuelo se retrasaría hasta nuevo aviso, pero nadie de la tripulación imaginó la verdadera razón detrás de la demora. Resulta que el capitán había oído tras el panel de mandos una especie de chillido agudo y, junto con el resto de la tripulación de vuelo, llegó a la conclusión de que se trataba de una rata cochina. En un principio, y por ratos cortos, sólo lograban oírla merodeando y chillando detrás de los equipos, pero luego la divisaron varias veces correteando de un lado a otro, metiéndose en cuanto rincón hallaba. Como imaginarán, no es muy grande la cabina de vuelo, pero definitivamente es un territorio lleno de perfectos escondrijos e inalcanzables recovecos si es que se ve desde la perspectiva de un ágil y flexible roedor echado a la fuga. Al cabo de dos horas y media pudieron atrapar al repugnante invasor, y sólo una vez que éste fue expulsado del avión se pudo retomar el itinerario planeado. ¿Pero por qué tanto revuelo por una simple rata? Pues, además del asco natural que cualquiera puede sentir por compartir un espacio reducido con tan inmundo acompañante, no es difícil imaginar las peligrosas distracciones que podría ocasionar en aquellos que llevan la conducción de la aeronave. Y, finalmente, no hay que olvidar tampoco la existencia de todos esos sofisticados y esenciales equipos electrónicos que conforman la cabina de vuelo. Que no estaría nada bien que, de pronto, por causa de un cable roído por uno de estos bichos termine estropeando el sistema de navegación y el avión acabara estrellándose contra una montaña o cayendo en picada hacia una muerte segura en un gélido mar.

Ana y Silvia, 25 años

Ambas nacieron en la misma ciudad y el mismo año, y se iniciaron en la profesión exactamente al mismo tiempo. Hace dos años Ana empezó a volar con una aerolínea de bandera y Silvia lo hizo en una compañía de vuelos chárter. Se conocieron recientemente al ser seleccionadas para formar parte de la tripulación de una entidad privada, y todas estas coincidencias han hecho de ellas amigas inseparables.

Para mucha gente subirse a un avión puede representar una situación de elevado riesgo y estrés. Hay personas que se transforman en víctimas del pánico y también las hay quienes caen prisioneras de la ansiedad, la angustia o los nervios. Además de los problemas personales que nos afligen cotidianamente y que afectan nuestro estado de ánimo así como nuestra conducta, también existen las fobias y las limitaciones a las que se tiene que sobreponer a veces la gente cuando se enfrenta a contextos determinados. Para algunos de estos casos, un avión puede ser, potencialmente, un espacio de confrontación con uno mismo y sus taras. Hallarse confinado en un espacio reducido compartiéndolo, durante largas horas, con un montón de extraños, sobrevolando las nubes en un ambiente de aire enrarecido y a más de diez kilómetros del suelo, puede fácilmente convertirse en un cóctel de ingredientes peligrosos que terminen por hacer estallar a algún individuo de estos que bordean un arrebato nervioso o un ataque de furia. Entre ellos puede encontrarse tanto un pasajero como también un tripulante de cabina.

En una de esas ocasiones fue una tripulante la que explotó en un ataque de histeria en pleno vuelo. Era una chica bastante joven y que llevaba muy poco tiempo volando. De pronto, durante el servicio de la cena, a esta mujer se le cruzaron los cables y dio rienda suelta a un espectáculo digno de un manicomio. Ya durante el ingreso y acomodo de los pasajeros en la cabina, y luego durante el despegue, se le notaba que andaba algo abstraída y con la mirada un poco extraviada. Aunque realizaba sus funciones correctamente, no tenía mayor expresión en la cara y parecía estar perdida en sus pensamientos. Pero nadie sospecharía entonces lo que estaba a punto de ocurrir. A las tres horas de vuelo empujaba ella el *trolley* (el carrito de la comida y bebida) preguntando a los pasajeros por sus preferencias, y quién sabe si a uno se le ocurrió solicitar algo que no estaba en el menú o si, independientemente de alguna extraña petición, ella simplemente hizo corto circuito por sus ignotos motivos personales. El caso es que, abandonando su tarea repentinamente, la chica se dirigió hacia el *galley*, cogió uno de esos contenedores metálicos donde se almacena la comida, lo trasladó hasta la mitad del pasillo y, colocándolo ahí sin más, se sentó sobre él y empezó a despotricar contra todo lo que se le vino a la cabeza.

Gritaba, insultaba, se carcajeaba, golpeaba los asientos, se levantaba y pateaba el contenedor para luego recogerlo, volverse a sentar sobre él y continuar gritando más vituperios e incongruencias. Nadie entendía lo que estaba pasando, los pasajeros estaban atónitos y la tripulación, durante los primeros segundos, no atinó a realizar maniobra alguna para clausurar el circo que se había montado de un momento a otro en el corazón del avión. La chica chillaba con voz colérica y los ojos desorbitados que la aerolínea era una mierda, que todos estaban locos, que qué diablos hacía la gente ahí, que ni se le ocurriera a nadie acercársele, que no la tocasen, y otras perlitas similares más propias de una loca arrabalera que de una sofisticada y ecuánime azafata.

Entonces, por fin, entraron en escena varios tripulantes y, cogiéndola por la espalda cual paciente desquiciado, se la llevaron a rastras fuera del escenario improvisado de su acto demencial, mientras ella continuaba profiriendo porquerías. La sobrecargo informó al capitán de lo que estaba sucediendo y éste pidió que le trajeran a la tripulante revoltosa para hablar con ella, averiguar lo que le estaba pasando e intentar hacerla entrar en razón y calmarla. Así que la sobrecargo llevó a la chica a la cabina de vuelo. Una vez que el capitán, con su cálida voz y actitud ganadora, le hizo un gesto de aprobación, la sobrecargo dejó a la chica ahí y cerró la puerta al salir. Pasados unos minutos una llamada de emergencia emergió desde la cabina de vuelo. La sobrecargo corrió hacia adentro y se encontró con el surrealista cuadro de la chica estrangulando al capitán mientras el primer oficial, desde el asiento contiguo, intentaba arrancarla de su cuello. Otros tripulantes tuvieron que intervenir nuevamente. Al final hubo que reducirla y suministrarle unos tranquilizantes porque estaba fuera de sí, completamente enloquecida. Si las naves no estuvieran en piloto automático durante la mayor parte de los vuelos, probablemente esa llamada de emergencia no hubiera sido necesaria porque el avión entero se habría zarandeado en el momento justo en el que la desequilibrada azafata se abalanzó sobre el cuello del capitán, alertando así a la sobrecargo sobre un posible, aunque inaudito, ataque físico contra el piloto.

Aparentemente la chica había descubierto horas atrás que estaba embarazada, y aunque nadie supo luego cuáles eran las circunstancias personales que atravesaba, algunos miembros de la tripulación atribuyeron a su corta edad y a su poca experiencia, sumadas al reciente desvelamiento de su preñada condición, el arranque de locura que se apoderó de ella en pleno vuelo.

Hubo otra ocasión en el que a una de las azafatas le asaltaron los nervios e intempestivamente corrió hacia la puerta del avión y empezó a forcejearla con el desquiciado afán de abrirla. Un ataque de claustrofobia volando a miles de metros sobre la tierra puede ser muy angustiante porque no hay adónde salir. Y aunque es imposible abrir una puerta en pleno vuelo, por la diferencia de la presión atmosférica, no es difícil imaginar que el intento de fuga de la tripulante encendió al público en un concierto de pánico colectivo que tardamos varios minutos en controlar.

Discusiones a bordo que se convierten en peleas a puño limpio nunca faltan tampoco. Un miembro de la tripulación con problemas serios de actitud puede llegar a ser intratable, y resulta un suplicio tener que trabajar a su lado porque no sólo dirige su mal humor o escasos modales contra los demás tripulantes sino también contra los pasajeros. Hubo una vez en la que un individuo de estos se puso insoportable porque le corroía las entrañas el hecho de que me hubiesen designado a mí (Ana) para operar el vuelo como supervisora a pesar de que su antigüedad en la empresa era mayor que la mía. Así que durante la totalidad del vuelo el sujeto se encargó de hacerme el viaje imposible y de ponerme el trabajo lo más complicado que pudo. Me contestaba de mala manera, ponía excusas tontas cuando le solicitaba que cumpliera alguna tarea, era descortés con los pasajeros, no colaboraba con los demás compañeros, etcétera. Continuó con su agria actitud hasta el final del viaje, y cuando aterrizamos, mientras el avión hacía el *taxiing* o rodaje, es decir que se movilizaba desde la pista de aterrizaje hacia la terminal, uno de los pasajeros osó encender el teléfono móvil y esto fue suficiente para desatar su furia.

El antipático tripulante comenzó a recriminarle por hacer caso omiso de las instrucciones del capitán y le ordenó que lo apagase con un tono severo y excesivamente hostil. Por supuesto que el pasajero no se sometió a su incivilizado mandato y, entonces, la discusión empezó a acalorarse más y más, escalando a tal punto que el tripulante se acercó, le arranchó el móvil de la mano y lo lanzó por los aires. Los ánimos estaban tan caldeados que el pasajero, sin pensárselo un segundo siquiera, se levantó de su asiento y con las mismas le propinó un puñetazo en la cara, lanzándolo hacia atrás sobre sus espaldas para caer encima de otro pasajero dos filas más adelante. Todos alrededor presenciaban muy atentos la trifulca que se estaba armando. Algunos empezaban a comentar en voz alta sobre la desubicada actitud del tripulante y hubo otros que hasta aplaudieron el guantazo que le cayó. El segundo pasajero, el que recibió la involuntaria embestida del tripulante, le cogió de los brazos y volvió a arrojarle en la misma dirección desde la que había caído. Éste, aprovechando el impulso con el que se dirigía hacía su inicial agresor, acompañó el movimiento de su cuerpo cerrando un puño y asestando un recto de derecha justo en el mentón del primer pasajero. Los testigos de la platea empezaron a silbar y a abuchearle, nadie estaba a su favor. Pero en ese momento apareció un tercer pasajero, uno de corpulencia intimidante y un gesto más amenazador todavía, portando en la mano un teléfono móvil que no era suyo y sujetando con la otra un sangrante rincón de su cara muy cercano al ojo. Al tripulante parecían quedarle pocos minutos de vida. Una vez que se incorporó el primer pasajero, sumado al ataque del *Hulk* blanco que bajaba por el pasillo, comenzaron a lloverle una cantidad de golpes que hacían presagiar lo peor. El pasaje estaba enardecido. Aquello parecía un espectáculo de boxeo o, peor aún, una reyerta de cantina, con pifias y arengas del público espectador, y puños cayendo en todas las direcciones. La tremenda gresca que se armó sólo pudo ser sofocada con la intervención de algunos miembros masculinos de la tripulación y varios pasajeros más. Al magullado tripulante le tuvieron que llevar al hospital con varias heridas y alguna que otra contusión. Además de quedar con la nariz ligeramente torcida y un diente roto, la aerolínea decidió suspenderle de sus funciones durante medio año. Y todo por una pizca de frustración y un bendito móvil.

En otro vuelo, una pareja de ancianos de muy avanzada edad iba sentada en la fila de la ventanilla. Regresaban de disfrutar de unas vacaciones en las que habían celebrado su quincuagésimo aniversario y se les notaba muy cariñosos el uno con el otro. Un rato antes, mientras la anciana esperaba su turno para entrar al baño, me había estado contando sobre su longeva historia de amor y sobre lo romántico que aún era con ella su esposo. Le llamaba su príncipe azul. Recuerdo que me hizo mucha gracia a la vez que me enterneció porque la señora, con sus setenta y pico años, aún mantenía en los ojos ese brillo de chiquilla enamorada cuando hablaba de su hombre. Una hora más tarde, mientras la pareja viajaba tranquilamente en su lugar, el asiento de adelante se reclinó en la postura de máximo despliegue. Ahí iba sentado otro señor de edad avanzada también. El esposo se incorporó levemente para pedirle con educación si podría levantar un poco su asiento porque estaba incomodando a su mujer. El pasajero que iba delante se negó a hacerlo aduciendo que estaba en su pleno derecho a reclinarse tanto como el asiento se lo permitiese. El marido le increpó su falta de consideración y caballerosidad. El otro anciano le espetó una pequeña advertencia y le exigió que le dejase en paz porque quería descansar. A continuación se enfrascaron en una serie de dimes y diretes que terminó por colmar la paciencia del primero, el cual se levantó de su asiento para aplicarle al otro un manotazo en la calva. El segundo se puso de pie y, dándose la vuelta, le respondió con un bofetada en la cara. La señora clamaba auxilio mientras encima suyo se desarrollaba esta torpe pero orgullosa lucha septuagenaria. Antes de que nadie pudiese reaccionar para intentar detener la pelea, a los pocos segundos, ambos se cansaron y cayeron extenuados sobre sus asientos. La verdad es que no fue gran cosa, pero ver a un hombre de esa edad luchando con otro anciano en defensa de su amada me pareció una escena tan graciosa al mismo tiempo que uno de los actos más dulces y tiernos que he visto en muchos años.

Por otro lado, también existen algunos casos de pasajeros que suben a bordo y que generan ciertos estados de alteración y caos en la cabina. Frecuentemente las aerolíneas comerciales transportan a individuos que están siendo deportados a sus países de origen por diferentes motivos. Algunos de los más comunes se dan porque dichas personas han excedido el plazo señalado en sus visas y se han quedado de manera ilegal en el país que les acogía, o también porque han intentado ingresar al país sin la documentación válida o de forma clandestina. Pero hay veces en las que el pasajero deportado que sube al avión no es un inmigrante al que se le agotó la suerte sino un verdadero criminal esposado y escoltado por un agente de la policía. En este caso, el prisionero que subió a bordo estaba con las manos esposadas e iba custodiado por dos agentes y un médico. Los pasajeros que les veían enfilar por el pasillo buscando sus asientos empezaban a ponerse nerviosos con la ingrata presencia de un personaje de quien no sabían nada pero a quien sólo podían atribuir los peores crímenes imaginables.

La subida de los pasajeros a bordo estaba tardando más de lo normal y, poco a poco, el prisionero se empezó a inquietar y a ponerse más ansioso. Aparentemente, el médico le tenía bajo la influencia de unos sedantes que con el paso del tiempo empezaron a perder su efecto y de un momento a otro el sujeto se puso a vociferar a todo pulmón, gritando e insultando a todos los que se encontraban a su alrededor. Nadie sabe cómo pero, burlando a ambos escoltas, el individuo logró ponerse de pie y salió corriendo por el pasillo. Los gritos de mujeres alteradas resonaron por toda la cabina del avión mientras el prisionero intentaba hacer una fuga al más puro estilo de una de esas películas de espías de los años de la guerra fría. Todo aconteció en un abrir y cerrar de ojos pero a la vez también pareció suceder en cámara lenta. El prófugo corría en pos de la puerta, los agentes corrían detrás de él, y el médico a duras penas se levantaba de su asiento para gritar desde el fondo:

—¡Qué alguien lo detenga!

Algún buen samaritano con vocación de héroe decidió hacer caso del clamor del galeno y, extendiendo levemente su pie sobre el pasillo, interrumpió de manera providencial el escape del prisionero haciéndole caer estrepitosamente de bruces contra el suelo. Los agentes le aprehendieron nuevamente y se lo llevaron al asiento, pero los pasajeros estaban tan conmocionados por todo el suceso que no pararon de quejarse a la tripulación sobre lo incómodo y peligroso que se les hacía compartir vuelo con semejante espécimen. La sobrecargo tuvo que notificar al capitán del insólito acontecimiento y de las múltiples quejas recibidas por parte de los pasajeros, a lo cual, considerando que todavía el avión se encontraba en tierra, el mandamás decidió descargar al indeseable pasajero y zanjar así, de buenas a primeras, la alborotada controversia.

Luego también suelen ocurrir situaciones desmesuradas que podrían hacer reír a cualquiera que las escuchase desde la comodidad de su condición distante y ajena, pero para quienes las experimentamos de primera mano, porque nos toca trabajar cuando suceden, la verdad es que pueden llegar a ser un poco repugnantes. Este era un vuelo que partía con destino a Pakistán. En estas rutas suelen viajar grupos de pasajeros mayoritariamente compuestos por gente de nacionalidad india y paquistaní. Resultan bastante complicados porque intentan aprovechar al máximo cualquier beneficio o elemento gratuito del que puedan disfrutar a bordo; entiéndase por esto, básicamente, las bebidas alcohólicas. Sería una completa anomalía el que sobren licores al aterrizar. Usualmente no queda una sola gota de alcohol en el avión cuando se alcanza la ciudad de destino, entonces no es necesario hacer un gran esfuerzo para imaginar cómo se ponen de brutos y escandalosos los borrachos de turno en las juergas dionisiacas que se desatan por estas rutas. En estos vuelos, salvo el champagne en la clase turista, todas las bebidas se sirven sin cargo alguno, y como esto es bien sabido entre nuestros pasajeros, la intoxicación colectiva empezó nada más despegar. Los timbres de llamada al tripulante tintineaban cada dos por tres y las luces indicadoras de sus demandas, encendidas a lo largo y ancho de la cabina, se multiplicaban como estrellas en un crepúsculo vespertino rural. Ya se podía ver a la tripulación entera corriendo por doquier y haciendo malabares para atender a la masa de exigentes consumidores que en esa noche inefable nos tocó.

Luego de algunas horas de vuelo, y varias rondas alcohólicas, la aeronave entró en una zona de turbulencia y se inició un zarandeo que se prolongó durante largos minutos. Con las ingentes cantidades de vodka, ron, whisky y ginebra que se habían consumido hasta ese momento, algunos tripulantes empezamos a intuir las consecuencias venideras. Muchos de los pasajeros comenzaron a sentirse mareados. La sangre abandonaba sus rostros dejando al descubierto caras pálidas y gestos enfermizos que no tardarían en manifestarse de la manera más grotesca. Las avalanchas más destructivas pueden comenzar con un minúsculo estímulo inicial: con la caída de una piedra diminuta, con el ruido lejano de un disparo, con el desprendimiento de una pequeña porción de tierra. En este caso, el detonante fue un pasajero cuyo cuerpo, harto de ingerir más alcohol, decidió que era momento de expulsarlo. Pero no sólo decidió su cuerpo que era momento de expulsar el alcohol sino que además tuvo la gentileza de decidir que lo más apropiado sería compartirlo con el resto de la gente alrededor. Y es que el enfermo no se dignó siquiera a coger la bolsa de papel que, tan accesiblemente, viene insertada en el bolsillo del asiento delantero, ni tampoco se preocupó por reducir el espacio de acción de su invertida descarga estomacal reclinándose sobre un costado; simplemente abrió la boca y, cual dragón de fábula, soltó un violento y disperso chorro de vómito por todos los aires, regando a su paso el suelo, los asientos, los compartimentos, y cómo no, a los vecinos pasajeros. El avión seguía sacudiéndose envuelto en la turbulencia, y este desafortunado accidente fue el indeseable estímulo que terminó por suscitar una nauseabunda reacción en cadena. Por toda la cabina se podían escuchar las arcadas de otros pasajeros a las cuales se unían, progresivamente, más sonidos guturales formando un repugnante coro de eructos y regurgitaciones casi imposible de aguantar. Chorros por aquí, chorros por allá, charcos en todas partes, un verdadero asco. Mientras caminábamos por los pasillos intentando asistir a los pasajeros, algunos de los tripulantes, al menor signo de avistar a nuestro paso un rostro tibio, teníamos que saltar por los aires en contorsiones intempestivas para esquivar las cascadas que les sucedían. Era como transitar por un campo minado; había que recorrer el avión con los cinco sentidos puestos sobre el terreno, intentando cumplir con la misión de auxilio a los afectados pero sin dejar de percibir la inminencia de las repentinas explosiones bucales que pudieran acecharnos a cada paso. Hubo algunos compañeros que no supieron aplicar bien el procedimiento de evasión, tal vez porque carecieron de agilidad felina o simplemente porque fueron atacados a quemarropa. Muy a su pesar, estas pobres víctimas terminaron rociadas con esquirlas de las verduras y carnes servidas previamente durante la cena.

Fueron varios los pasajeros los que se enfermaron en aquel vuelo dejando inmundo el interior de la nave en diferentes rincones. No quedó otra más que sacar la mayor cantidad posible de mantas para cubrir la suciedad esparcida, y esperar hasta aterrizar en Islamabad para dejar en manos de los empleados de la limpieza la engorrosa labor. Pero nada pudo ser más inaguantable, durante el resto del vuelo, que tener que seguir trabajando con la presencia constante de ese penetrante hedor que emanaba de los restos disgregados por todo el avión. No había adónde escapar porque la pestilencia había inundando el espacio por completo. Y para colmo de la indiferencia, hubo un pequeño grupo de pasajeros que, al cabo de unos minutos, como si hubiesen visto la escena del vómito colectivo en la tele y luego cambiaran el canal, decidieron continuar bebiendo tan alegremente, como si con ellos no fuera la cosa. Un inusitado ejemplo de gran fortaleza estomacal, tal vez de atrofia olfativa, o posiblemente de una impresionante necedad.

Y para necedades, vaya si el pasajero que me tocó en un vuelo a Jordania no llevó la suya al paroxismo, en detrimento incluso de su propia existencia. Era un señor de unos cincuenta años. Ni bien entró por la puerta del avión los tripulantes que estábamos dando la bienvenida a los pasajeros pudimos ver, inmediatamente, que no se sentía nada bien. Tenía el rostro pálido y se cogía el pecho con una mueca compungida. Cuando le pregunté por su notoria dolencia, denodadamente intentó negarla entre gemidos reprimidos, esbozando una media sonrisa que ni él mismo se creyó e incluso con un par de pulgares por lo alto, pero era muy evidente que algo le aquejaba y mucho. Algunas de las azafatas nos esforzamos por inquirir varias veces sobre su estado de salud y prestarle atención, pero él, sin pronunciar palabra y con ademanes corteses, la rechazaba siempre. Le llevamos agua, le ofrecimos analgésicos, hasta contactamos a un doctor entre el pasaje para que le atendiese porque el hombre sudaba profusamente y arrugaba el gesto como si tuviera un fuego quemándole las entrañas, pero a todo ello dijo que no. El avión despegó y a los pocos minutos el hombre se levantó de su asiento para ir al lavabo, estuvo dentro unos instantes y, nada más salir, se desplomó en el suelo y murió. Intentamos aplicarle la resucitación cardiopulmonar pero fue inútil. Su cuerpo yacía inerte sobre el suelo de la cabina y alrededor se arremolinaban algunos curiosos conmocionados por el suceso. Entre ellos se encontraba el pasajero que había estado sentado al lado del difunto, y mientras algunos cuestionábamos los motivos que le habrían llevado a desestimar nuestra ayuda, el vecino se acercó y nos comentó, a mi compañera y a mí, que antes de levantarse de su asiento el hombre había estado murmurando en árabe algo que parecían versos de una plegaria y también repitiendo, como si fuese un *mantra,* las siguientes frases:

—No te rindas aquí. Se lo prometiste a papá. La tierra que te vio nacer te verá morir. Lástima que su corazón no le pudo conceder el anhelo a su alma.

Es muy penoso cuando suceden este tipo de situaciones. No solamente las muertes a bordo sino también cuando tenemos personas que vuelan para asistir al entierro de un ser amado o, peor aún, cuando viajan llevando consigo el féretro que contiene el cuerpo de un familiar. Intentamos por todos los medios ser especialmente cuidadosos y atentos con estos pasajeros, pero cargan con una tristeza tan inconsolable que resulta terriblemente doloroso verles llorar durante el vuelo entero sabiendo que no habrá nada que podemos hacer para remediarlo.

Una de las historias más deprimentes que me tocó vivir en mis años profesionales sucedió con un bebé que tenía veinte meses. La madre nos contó que el crío había sido sometido a una operación quirúrgica días atrás y que el médico le había dado el alta y el visto bueno para el viaje aéreo. Pero el pobrecito no aguantó y, súbitamente, murió en brazos de su madre mientras estaban abordando el avión. El vuelo se retrasó muchas horas. Por alguna razón que ahora escapa a mi memoria, el capitán no optó por bajar a tierra a la familia, lo cual hubiera sido el procedimiento a seguir. Pero el caso es que como los padres se dirigían a casa y querían continuar el viaje llevando consigo al bebé, la aerolínea se tuvo que agenciar de un ataúd para transportar al pequeño cadáver y colocarlo en la bodega. En todos mis años de tripulante nunca vi nada más triste que esta madre muriéndose de pena en la cabina de pasajeros mientras su cría recién fallecida viajaba abajo junto al resto del equipaje.

Pero no todo son dramas en el avión, muy por el contrario la mayoría de las cosas que nos suceden tienden a ser bastante cómicas. En algunas ocasiones a los pasajeros les agarraba un apretón de estómago irrefrenable y ante la imposibilidad de llegar al lavabo se terminaban manchando los pantalones. Esto es vergonzoso y humillante en el momento, pero cuando se narra en retrospectiva genera algunas risas. Recuerdo una vez en que un hombre descomunal, de origen samoano y con casi dos metros de estatura, se levantó de su asiento en pleno despegue y enfiló corriendo hacia donde yo estaba sentada, con la mano puesta en la retaguardia y chillando palabras incomprensibles. Yo me quedé sorprendida por la envergadura del sujeto y por su intempestiva y alharaquienta manifestación, pero sobre todo por el sentido del tiempo tan inoportuno que tuvo para realizarla. Sin podernos comunicar verbalmente, le hice repetidas señas enérgicas para que volviese a su asiento, pero él siguió correteando de arriba abajo por el pasillo, sujetándose por detrás y quejándose a voz en cuello sobre algo que nadie entendía. Finalmente, se resignó a volver a su sitio aunque sin dejar de vociferar por un segundo, y una vez que el avión alcanzó la altura de crucero y se apagaron las luces que ordenan abrocharse los cinturones, el pasajero salió disparado rumbo al lavabo y fue entonces que comprendimos que al desdichado le había cogido una diarrea súbita y que sufría el dolor de los retortijones estomacales. Éste, a diferencia de otros, tuvo la suerte de poder detener a tiempo la expulsión prematura, pero hay casos de personas a las que no queda más remedio que entregarles alguna bolsa de plástico para que introduzcan las prendas embarradas y las envuelvan intentando aislar la fetidez. Alguna vez, uno de estos pasajeros, a falta de una pieza de recambio más apropiada, tuvo que bajarse del avión y pasearse por el aeropuerto con una de nuestras mantas ceñida a la cintura.

También hay casos de pasajeros que se nos cuelan en vuelos equivocados, como le pasó una vez a un señor que ni cuenta se dio hasta varias horas después cuando, por casualidad, conversando con su vecino de asiento, se percató de que iba enrumbado a un destino completamente diferente al suyo y que, encima, era un vuelo trasatlántico. O el caso de una señora española que en un vuelo con destino a Lisboa se acercó a mi compañera a preguntarle hacia dónde se dirigía el avión, y cuando mi compañera le respondió, la señora se giró hacia el esposo y le dijo:

—¿Ves? No estamos volando a Santander, y por tu culpa nos vamos a perder la boda de Juanito.

O de pronto también ocurren situaciones graciosas cuando existe cierta ignorancia por parte de los pasajeros de lo que es el funcionamiento de los aviones y las costumbres a bordo. Un hombre se levantó en mitad de un vuelo y empezó a deambular por la parte trasera de la cabina, merodeando por los baños con la notoria actitud de estar buscando infructuosamente algo. Cuando me acerqué para ayudarle me preguntó:

—Señorita, ¿y las duchas?

No puedes hacer otra cosa más que responder amablemente y reírte hacia adentro para no dejar en evidencia al despistado que aparece con preguntas insólitas. Aunque hubo una vez en que no pude contener la carcajada porque, mientras ofrecía los paquetes de toallitas húmedas entre el pasaje, hubo un chico adolescente que me miró sorprendido cuando sostuve la canasta delante suyo y, con cara de pillo, superó la duda inicial y capturó un manojo que apresuradamente se guardó en el bolsillo de la chaqueta. Yo no entendí nada pero seguí igual con mi labor. Al poco rato, el chico me alcanzó unas filas más adelante y echó sobre la canasta todo lo que había cogido antes diciendo con un tono de profunda decepción:

—A mí esto no me sirve, pensaba que eran condones.

Y es que hay cada ocurrencia...

Camila, 25 años

Tan sólo acumula dos años de experiencia en el mundo de la aviación comercial, pero esta joven auxiliar de vuelto cuenta ya en su haber con un considerable recorrido alrededor del globo, cumpliendo de esta manera el sueño por el que, en un principio, se decidió a probar suerte en esta profesión: conocer las ciudades más importantes del planeta, sus pueblos, culturas e historias, y, sin lugar a dudas, también pasear divertidamente su juventud ávida y curiosa por todos estos rincones. Cree haber conseguido, a través de este oficio, un nivel de madurez y fortaleza que de otra manera tal vez no le hubiera sido posible.

Con escasos diecinueve años, al salir de Sevilla por primera vez en mi vida para mudarme a Londres, decidí que ésa sería mi puerta de entrada al enorme mundo que bullía a mi alrededor y del que, personalmente, no conocía nada aún. Mi intención era estudiar la carrera de diseño gráfico, conocer gente de todas las nacionalidades en esa enorme urbe cosmopolita y, en mi tiempo libre, viajar y conocer los alrededores. Con el correr de los meses y luego los años, me di cuenta de que mi sueño de aventurarme por otras latitudes se presentaba bastante más inaccesible de lo que yo hubiera imaginado que sería cuando partí hacia Europa. Compaginar mis horarios en la universidad con los del trabajo se hizo muy complicado, y la inestabilidad laboral en la que me vi sumida ocasionaba una fórmula que, en sus dos combinaciones posibles, nunca terminaba produciendo resultados positivos en relación al objetivo trazado. O tenía un trabajo temporal que me permitía ganar dinero pero no disponer de tiempo para gastarlo, o me quedaba sin trabajo y tenía el tiempo para viajar pero no el dinero para hacerlo. Esta encrucijada irremediable se prolongó por un lapso de cuatro años durante los cuales terminé de estudiar, a regañadientes, la carrera y pude disfrutar de algunas travesías cortas por los países vecinos del Reino Unido. Pero no fue hasta el descubrimiento de un anuncio que vi publicado en el diario con una convocatoria para trabajar en una aerolínea, que recién se me encendió el foco en la cabeza y llegué a la conclusión de que ésa sería la manera en que conseguiría mi anhelo de convertirme en una trotamundos. Así que luego de unos meses de formación en una escuela para tripulantes de cabina en la que me matriculé, empecé a presentarme en las entrevistas que anunciaban varias compañías aéreas y, a la segunda que fui, me contrataron.

Cumplí veintitrés cuando me integré en la aerolínea para la que he trabajado hasta hace unos meses. Desde Londres viajábamos mucho a los países de Medio Oriente. Me pareció total la ausencia de demostraciones de afecto en público en estos países. Pero uno se termina acostumbrando a las diferencias culturales. Por otro lado me encantaban las fiestas que se armaban espontáneamente en las playas y lo barato que resultaba consumir bebidas alcohólicas. En los días en que no me tocaba volar salía por las ciudades intentando aprovechar al máximo la experiencia de estar en países tan diferentes y exóticos. Fue así que me granjeé un buen grupo de amigos entre los cuales había autóctonos y también extranjeros. Si bien entablé buenas relaciones con mis compañeros de la aerolínea, siempre preferí no frecuentarlos fuera del trabajo porque la verdad es que me parecían demasiado chismosos y, a mí, eso de estar en boca de la gente no me gusta nada. Creo que es más sano mantener una estricta separación entre la vida laboral y la esfera privada.

En definitiva, empezar a trabajar como tripulante de cabina me cambió la vida para mejor. Es una profesión que me ha brindado oportunidades incomparables que, a mi modesto entender, no se pueden conseguir estudiando en un salón de clases. El aprendizaje que se adquiere con la experiencia tiene un valor añadido de realidad palpable, apelativa, aprehensible. La interacción constante con diferentes culturas, religiones, costumbres, te abre la mente, te vuelve más consciente de la diversidad alrededor, te enriquece como ser humano, expande tus horizontes mentales y espirituales, te brinda la oportunidad de crecer y de convertirte en una persona más tolerante, accesible, competente, experimentada y, a la larga, más feliz, creo yo.

Cuando me detengo a observar mi realidad, me hallo muy satisfecha con el estilo de vida que llevo gracias al hecho de haberme convertido en tripulante de cabina. Es cierto que el trabajo puede llegar a ser un poco duro a veces, pero creo que los beneficios compensan largamente las dificultades. Entre mis rutas favoritas se encontraban, por ejemplo, las que tenían como destino a Londres, Bangkok y Bombay. La primera ciudad por haber sido mi hogar durante cuatro años y poder así visitar y disfrutar de mis amigos. La segunda, por el inagotable placer que me otorgaba el irme de compras y encontrar los artículos más lujosos y originales a precios regalados, así como también por la exquisita comida tailandesa. Y la tercera, por la riqueza de su cultura, las enormes palmeras y sus playas, el tráfico vehicular desordenado y lo fascinante que me resultaba su caótico ajetreo cotidiano.

Hace poco más de cuatro meses, decidí cambiarme a una aerolínea privada que me ofrecía un mejor salario y, sobre todo, un mejor cronograma de vuelos. Ahora tengo más tiempo libre porque gozo de treinta días de vacaciones luego de cada mes trabajado, lo cual me permite volver a casa para estar con mi familia o disfrutar como mejor me parezca de mis ratos de ocio. Probablemente deje de volar dentro de unos años porque esta vida de nómada no me será tan atractiva cuando quiera establecerme y tener hijos. Pero por lo pronto, continúo disfrutando de las maravillas de este oficio y me sigue pareciendo fascinante la cantidad de situaciones a las que uno se enfrenta en el día a día, aunque no siempre tengan un final feliz.

Recuerdo un vuelo de largo recorrido en que hubo un pasajero que se había pasado de copas y empezó a ponerse excesivamente ruidoso y prepotente. Entre algunas compañeras intentamos calmarle y llevarle a su asiento, pero en ese preciso instante el avión entró en una zona de turbulencia ocasionando el recrudecimiento de su desmesurada actitud, haciendo imposible apaciguarle y mucho menos controlarle. Como la señal de abrocharse los cinturones estaba encendida era imperativo conducirle hacia su asiento y solamente luego de insistentes súplicas lo conseguimos. Pero una vez sentado y abrochado, el hombre comenzó a ponerse más estridente, a empujar el asiento delantero, a insultar al pasajero que iba enfrente de él y el escándalo llegó a tal extremo que terminó enfrascándose en una pelea con el pasajero que venía siendo abusado. Como en la cabina no había tripulantes masculinos tuvimos que recurrir a la ayuda de dos pasajeros fornidos para separar a los pugilistas y refrenar al causante, quien en ese momento se perdió en su borrachera y rompió en llanto, maldiciéndonos a todos y acusándonos de intentar matarle.

Recuerdo que gritaba una y otra vez que no quería morir porque sabía que iría al infierno. Luego me encontré sintiendo lástima por él y tratando de consolarle diciéndole que si se portaba bien durante el resto del vuelo era seguro que nadie le mataría y que no iría al encuentro de Satanás. Pero adonde sí se tuvo que ir fue a la comisaría, porque al llegar a tierra estaba la policía esperando para llevarle detenido por los disturbios que protagonizó.

En otra ocasión, mientras el avión se dirigía hacia la pista de despegue hubo una señora que empezó a gritar:

—¡Auxilio, auxilio! ¡Mi bebé!

La niña tenía aproximadamente unos dos años, y cuando llegamos adonde estaba la criatura tenía el cuerpo rígido y su rostro comenzaba a tornarse azul. Parecía una especie de síndrome convulsivo, pero como la niña respiraba no había nada que nosotros pudiéramos hacer por ayudarle. Por fortuna el avión aún no había despegado, así que el comandante dio la vuelta y regresamos a la terminal. Los servicios médicos de la aerolínea enviaron a un par de personas quienes subieron a bordo y se llevaron a madre e hija para atenderlas en tierra. No sé como terminó la historia pero espero que no pasase de un susto y que la niña se haya recuperado.

También recuerdo una situación muy tensa que vivimos en un vuelo que partía de Qatar rumbo a Yemen. Los pasajeros que suelen abordar ahí son, en su mayoría, personas que están en tránsito haciendo escala en Doha y que provienen de diversos países. Teníamos en la cabina a un grupo de chicas jóvenes tailandesas. Al parecer, es una práctica extendida traer gente del sudeste asiático a diferentes lugares del Medio Oriente para trabajar en condiciones infrahumanas por muy bajos salarios. Entonces sucedió que una de las chicas del grupo se levantó de su asiento y corrió hacia la puerta del avión, en pleno vuelo, para intentar abrirla. La mujer estaba desesperada, lloraba desconsoladamente y, aunque ninguno de nosotros podía entenderla, profería un discurso acelerado que denotaba su creciente angustia. Conseguimos sosegarla al cabo de un rato y retornó a su lugar, pero poco después la vi saltar de su asiento y correr, a toda velocidad, hacia el *galley* más cercano donde empezó a darse de cabezazos contra los contenedores hasta abrirse la frente. La pobre sangraba a borbotones pero continuó gritando y estampándose contra el duro metal. Tuvimos que contenerla entre tres tripulantes porque estaba fuera de sí y le impulsaba una fuerza descomunal en la autodestructiva misión que había emprendido. El primer oficial salió de la cabina de vuelo al enterarse del suceso, porque al haber vivido unos años en Bangkok se le ocurrió que podría ayudarnos a entender lo que le pasaba a la chica. Resultó ser que estaba muerta de miedo de volver a Yemen donde su jefe la maltrataba, física y psicológicamente, con castigos y torturas medievales por ninguna razón aparente. La chica no quería vivir más y había decidido que sería mejor acabar con su existencia antes que volver a ese martirio infernal. No hubo mucho que pudiéramos hacer al respecto salvo aconsejarle que reportara los abusos ante las autoridades, pero es muy probable que no lo hiciera por temor a peores represalias de su empleador y a que sus denuncias cayeran en el saco roto de un sistema que no funciona, como sucede en la mayoría de los países subdesarrollados.

Pero así como han ocurrido situaciones duras y complicadas mientras trabajaba como tripulante, también he presenciado otras más ligeras y, sin duda alguna, más divertidas. Como, por ejemplo, la historia de un pasajero que, muy tranquilamente, me llamó con la mano y me preguntó:

—Disculpe, ¿nos vamos ya?

—Sí señor, estamos a punto de despegar —le respondí con diligencia.

—Ah vale, pero… si no es demasiada molestia, ¿usted cree que nos podremos llevar mi maleta que está ahí afuera? —me dijo señalando a través de la ventanilla un bulto negro en medio de la pista.

—¿Cómo no? —respondí riéndome— deje que avise al capitán para subirla, pero no se enfade si es que ahora tardamos media hora más en partir.

—Ah no, por mi está bien… prefiero llegar a mis vacaciones con retraso que sin ropa.

Y es que hay sucesos verdaderamente inverosímiles. Como la vez en que una pasajera invidente me solicitó ayuda para ir al lavabo, y yo muy gustosa le extendí la mano y le conduje a los servicios de la zona posterior. Era una mujer muy afable y graciosa, recuerdo que me hizo reír mucho con sus comentarios tan ocurrentes. Le dejé en el baño y me quedé tras la puerta esperando a que saliera para llevarle a su asiento nuevamente. Al cabo de un rato se abrió la puerta y apareció la mujer con una sonrisa satisfecha:

—Señorita... ¡ya está! —me dijo mientras levantaba la mano, sucia con excremento, en busca de mi brazo.

Por supuesto que yo ni loca la iba a tocar. Buscaba la manera de explicarle lo sucedido mientras la señora se acercaba más y más tanteando el aire con la mano llena de mierda, y yo me contorsionaba intentando esquivar el inminente embarre. Finalmente me armé de valor y se lo dije con mucho tacto. A la pobre se le puso la cara colorada de la vergüenza y le urgía que le tragase la tierra. Lo que aún no entiendo es cómo no se dio cuenta.

Hubo otra en la que fui testigo ocular de lo sucedido, aunque no tuve mayor participación. Era un vuelo nocturno que iba semivacío, y la mayoría de las luces estaban apagadas, salvo en el sector posterior de la cabina donde había unos cuantos lectores esparcidos individualmente, haciendo que esa sección tuviera una iluminación difuminada. Mientras hacía mi recorrido habitual me encontré con una escena algo sospechosa. Pude avistar a un hombre, de unos cincuenta años, que viajaba solo y que miraba fijamente a la pasajera que iba sentada al otro lado del pasillo y una fila más adelante. Ella era bastante más joven, muy guapa y tranquilamente podría haber sido su hija. Ella dormía apoyada contra la ventanilla, y él, sentado al borde del pasillo, no le quitaba el ojo de encima con una mirada lasciva. Al pasar a su lado me di cuenta de que tenia una manta cubriéndole el regazo, pero ni siquiera al caminar delante suyo dejó el hombre de hacer lo que, a todas luces, estaba haciendo. Incluso pude ver por encima de la manta que llevaba el pantalón desabrochado y que por debajo de ella meneaba algo con un movimiento rápido y sistemático. Intenté transitar la zona un par de veces más con el objetivo de intimidarle, pero él siguió tan orondo con lo suyo sin siquiera disimular a mi paso. Minutos después de mi último recorrido le vi encaminarse hacia el baño donde se encerró durante unos diez minutos, lo cual no sería extraño para nada si no fuese porque antes le había descubierto calentando motores en su asiento y que aquello me daba la certeza casi absoluta de que su incursión en el lavabo tenía un matiz de desfogue muy distinto al habitual. Media hora más tarde la chica se despertó y vino al *galley* a pedir un vaso con agua. Le vi aproximarse con un gesto de incomodidad y malestar.

—¿Te encuentras bien? —le pregunté.

—Sí, bueno… es que hay un tío muy guarro que me está molestando.

—Ah pero… ¿¡es que le has visto!? —exclamé asombrada.

Terminó contándome cómo, durante varios minutos, el hombre le había estado mirando descaradamente a los ojos mientras hacía ese movimiento evidente debajo de la manta y ella, al no lograr disuadirle con una mirada desafiante y llena de asco, optó por taparse con su chaqueta, cerrar los ojos y hacerse la dormida. Me confesó que al estar sola y todo tan oscuro sintió como si el patán la hubiese estado acosando en un siniestro callejón. Una sórdida experiencia, sin duda. Luego, para disipar la tensión, estuvimos un buen rato mofándonos de él, ridiculizándolo. Le ofrecí cambiarla de sitio ya que había muchos asientos libres. Pero lo más sorprendente ocurrió al final, cuando aterrizamos y vimos cómo el hombre se juntaba con una mujer y dos niños pequeños que viajaban unas filas más adelante. La chica y yo nos miramos incrédulas y soltamos una carcajada nada más ver al pervertido actuar tan cariñosamente con su familia cuando, rato atrás y sin vergüenza alguna, había estado prácticamente violando con los ojos a una completa desconocida. Hay que ver la clase de gente que se puede encontrar uno en la vida.

Y hay que ver también las cosas que, en ciertas situaciones, uno se ve obligado a hacer, como cuando me tocó despertar a un pasajero quince minutos antes del aterrizaje y esta simple acción se convirtió en un absoluto imposible. Primero intenté llamarle educadamente con un tono sutil, pero nada. Luego levanté la voz y le toqué el hombro con suavidad, pero nada. Intenté sacudirle los hombros ligeramente y él siguió durmiendo. Pregunté por su nombre al acompañante, que era amigo suyo, y entre los dos empezamos a gritarle, pero él ni se inmutó. Durante diez minutos estuvimos los dos zarandeándole y chillándole al oído por su nombre, mientras los pasajeros alrededor se divertían con la escena y el hombre continuaba atrapado en las garras de Morfeo. Incluso sonó su teléfono móvil reproduciendo una estrafalaria canción de regatón y se me ocurrió que tal vez el tono familiar le despertaría, pero él, como si estuviera bajo el encanto de un hechizo, siguió perdido en el lejano mundo de sus sueños. El compañero se reía y me miraba levantando los hombros en señal de rendición, pero yo ya me empezaba a preocupar. Pensando que podía estar muerto verifiqué su pulso y respiración. Simplemente sufría de un caso extremo de somnolencia profunda, muy probablemente inducida por la ingestión de pastillas para dormir. A punto de aterrizar, no me quedó más opción que la de coger un vaso con agua y echársela en la cara. Se despertó a duras penas y, con los párpados a media asta, parecía dispuesto a retornar a su universo onírico. Me disculpé encarecidamente pero le obligué, entre risas, a prometerme que no se dormiría más hasta bajarse del avión y se convirtiese en la responsabilidad de otra persona. Cabeceando le noté un costoso esfuerzo pero, en definitiva, el bello durmiente cumplió con su palabra.

Y aunque sea muy interesante y gratificante en muchos aspectos, como dije antes, trabajar en este oficio puede llegar a ser muy duro. Las largas horas, los trastornos del organismo, los horarios cambiantes, el aburrimiento durante vuelos nocturnos, los caprichos y malos modales de algunos pasajeros, el desarraigo y la separación de los seres queridos. Todo esto puede afectar nuestro estado de ánimo y nuestra capacidad para desempeñar una buena labor. Es por eso que siempre intentamos aligerar nuestro trabajo con sentido del humor y ganas de diversión. Por ejemplo, en los vuelos prolongados a veces nos inventamos juegos tontos para pasar el rato. Uno de ellos consiste en que sin importar lo que uno diga, el otro tiene que improvisar una canción con aquella frase o palabra. O, de pronto, los juegos tradicionales también nos sirven, como el clásico tres en raya, el ahorcado o los juegos de baraja. Pero da igual lo que hagamos o digamos, al final siempre acabas divirtiéndote con cualquier cosa. Y es que creo que, a la larga, el volar nos transforma en personas un tanto seniles, nuestro sentido del humor empeora y se vuelve menos exigente porque nos reímos con cualquier chorrada, sin importar que sea realmente graciosa o no. Me parece que la falta de oxígeno en la altura juega un papel importante en ello. Como que nos hace más propensos a tener la risa floja.

Y también suele crearse bastante complicidad entre los miembros de la tripulación. Muchas veces hay gente que pasa más tiempo con ellos que con sus amigos de fuera del trabajo. Volando tantas horas juntos y hospedándose en los mismos hoteles, es normal que varios tripulantes compartan sus momentos de ocio. Incontables han sido las ocasiones en que nos hemos cogido las botellitas de alcohol del avión para llevárnoslas a las pequeñas fiestas que se montaban en la habitación de algún compañero. Otras veces, aunque esté completamente prohibido, en ciertos vuelos algunos se encienden un cigarrillo en el *galley* posterior con la anuencia del resto. Me acuerdo de un día, cuando la aeronave aterrizó y todos los pasajeros habían abandonado la cabina, el sobrecargo, que era un chico alto y musculoso, cogió en brazos a una compañera china, muy liviana y bajita, y la metió en el compartimiento del equipaje de mano. La pobre, más que a la perfección, cabía con holgura, y nosotros nos desternillábamos de risa mientras ella bromeaba quejándose de vértigo. Si no fuera por este tipo de bobadas o travesuras creo que una gran mayoría ya habría sido víctima de un colapso nervioso en el trabajo.

Liliana, 34 años

A los dieciocho años recién cumplidos decidió que la mejor forma de saciar su apetito de mundo y aventura sería convirtiéndose en una trabajadora de los cielos. Podría decirse que su carrera como auxiliar de vuelo nació al mismo tiempo en que vio la luz la misma compañía para la que lleva quince años volando. Actualmente es jefa de cabina de una de las más importantes aerolíneas latinoamericanas.

Tendría que empezar contando lo difícil que resultaron mis inicios en el oficio considerando que, cuando me contrataron y empecé a llevar los cursos de formación, la empresa casi no existía. El proceso de capacitación se llevaba a cabo en pequeñas aulas con cuarenta personas, y nadie tenía la menor idea de si llegaríamos a volar en algún momento o no. Nos tuvieron entrenando sin sueldo durante varios meses hasta que, finalmente, la aerolínea recibió la luz verde por parte de las autoridades para empezar a operar y así, por fin, pudimos levantar vuelo. Entonces éramos sólo setenta tripulantes, pero con el paso del tiempo se fue fortaleciendo la imagen y la economía de la empresa hasta llegar a tener portentosas y modernas oficinas en el centro de la ciudad, lograr una importante expansión hacia rutas internacionales y operar con un equipo profesional de más de quinientos tripulantes, lo cual era meritorio considerando la juventud de la empresa. A los pocos años, una vez que ésta se convirtió en subsidiaria de una de las mayores compañías aéreas latinoamericanas, el despegue fue astronómico llegando a posicionarnos como la primera aerolínea del país y una de las más emblemáticas del continente.

Es cierto que la vida de azafata ofrece muchos beneficios, pero a pesar de que no me arrepiento de haberme dedicado tantos años a volar, hay muchos inconvenientes con los que he tenido que aprender a lidiar en el transcurso del tiempo a fuerza de paciencia, tolerancia, y sacrificio. Por ejemplo, la vida familiar, que es muy difícil de conciliar con la profesión, sobre todo cuando tienes hijos pequeños y un hogar que administrar. Trabajando seis días a la semana resulta complicado, en el único día libre que me toca, pagar las facturas, atender a mi marido, enterarme de la vida de mis niños, asistir a las reuniones escolares con sus profesores, ocuparme de arreglar las imperfecciones en casa y un sinfín más de imprevistos que tienden a apremiarle a uno cuando menos lo necesita. ¿A alguien se le ocurrió pensar que buena falta me haría a mí también gozar de un ratito para descansar? ¡Pero no! Ahí está el niño comiéndose la tierra de la maceta y el tráfico espantoso de camino al hospital, o las colas interminables para pagar una factura en el banco, o el clavo en la calle para pincharme la rueda del coche y, al final de la noche, completamente extenuada, al borde de un colapso nervioso y sabiendo que al día siguiente me corresponde salir de vuelo otra vez, llega la ocurrencia de mi esposo para que me ponga en plan sensual porque resulta que me echa de menos y que me tiene unas ganas locas de pasión. ¿Dónde estará esa horrible vagina de silicona que te compré para que no me pusieras los cuernos?, pienso yo.

Pero con todo esto aprendes a vivir, digamos que desarrollas una capacidad para aceptar las tribulaciones de tu vida como tripulante y adquieres la estabilidad mental para sobrellevar la distancia con la familia, el cansancio, el estrés, entre otras dificultades. Pero aún así, termina siendo doloroso cuando te pierdes los primeros pasos de tu hijo, su primera palabra, la caída del primer diente, las funciones escolares, etcétera. Cuando te subes a un avión es como si entrases en una burbuja, no te queda otra opción más que olvidarte de tu familia y dedicarte al trabajo. Es obvio que están constantemente en tu corazón y en tus pensamientos, pero entonces te toca apagar el móvil y nadie te puede contactar, no te enteras de nada. Sólo puedes hacer una cosa: desconectar y hacer de tripas corazón. Luego arribas a las diferentes estaciones en las cuales lo que más te sobra es tiempo y lo único que haces, encerrada en la habitación del hotel, es extrañar con locura a tu familia y aprovechar las horas libres para recuperar el sueño acumulado. El caso de otros tripulantes puede llegar a ser diferente si es que están solteros o llevan una vida más alegre, pero en mi situación, a mí ni se me ocurre salir de fiesta durante nuestras estancias en el extranjero porque necesito ahorrar todo el dinero que pueda para solventar los gastos familiares y, además, ando en un constante estado de agotamiento que me exige urgente e inmediata restauración. A veces sufro de nostalgia aguda y de mucha soledad cuando estoy fuera, pero con el objetivo de conservar mi salud mental y emocional, hago esfuerzos para no dejarme caer en esos estados con demasiada frecuencia. Con quince años de experiencia a mis espaldas puedo decir que cada vez lo consigo con más facilidad y éxito.

Por otro lado, a mi vida social prácticamente la he tenido que enterrar y hacerle un funeral porque es, lo que podría decirse, nula, inexistente, un cero a la izquierda. Con los horarios laborales que llevo no es extraño que ya ninguno de mis amigos me llame nunca para salir. Además, saben que si estoy en casa les voy a contestar que ni fuerzas me quedan para levantar el vaso y empinar el codo, o menear las caderas al ritmo de una salsa. A veces me recogen para ir al aeropuerto a las dos o tres de la mañana y vuelvo a casa catorce horas después. Salgo un sábado en la madrugada rumbo al trabajo y en la calle me encuentro con toda la ciudad de fiesta; mientras observo la vida colorida y divertida que se anuncia tras la ventana del coche en el que viajo, yo me quedo pensando dónde y cuándo habré extraviado mi juventud.

Tengo que confesar, dada la cantidad de horas que paso volando, que a veces siento como si fuese parte intrínseca del avión, como si fuese un asiento más. Y luego, no te queda otra cosa más que guardarte los problemas personales muy adentro, poner tu mejor sonrisa y dedicar tu máxima concentración a realizar con la mayor diligencia el trabajo puntual y específico para el que te encuentras a bordo de esa aeronave. El vuelo transcurre en un periodo limitado de tiempo y uno tiene que dar de sí el 150% porque luego el viaje acaba y ya no hay nada que uno pueda hacer para cambiarlo o hacerlo mejor. Está claro que cada vuelo es completamente diferente del resto por las personas que viajan en él, que nunca son las mismas y, entonces, por eso diría que es un ámbito de trabajo en el que no existen roces, porque aunque siempre haya que lidiar con pasajeros disruptivos, tampoco existe la confrontación constante con ese mismo individuo con el que no te llevas bien. Yo, por otro lado, nunca pregunto con quién me tocará trabajar en cada vuelo porque me encanta llevarme la sorpresa de encontrarme con aquél compañero a quien no vi durante varios meses, o con esa compañera con la que tanto me divierto a bordo. Y es que trabajamos durante tantas horas y tantos días al año metidos en un tubo que inevitablemente se desarrolla una complicidad y un compañerismo a prueba de balas.

Hay una regla no escrita en el mundo de la aviación comercial que reza así: lo que pasa en el avión, se queda en el avión. Y, honrando dicha máxima, la mayoría de las historias más estrambóticas que conciernen a las relaciones entre los tripulantes de cabina no suelen llegar a los oídos de la gente ajena a nuestro mundo. Entre las cosas más graciosas que suceden entre los tripulantes, haciendo gala de esa complicidad de la que hablaba antes, están lo que se conoce como los bautizos. Cuando un auxiliar de vuelo empieza a trabajar para una aerolínea es muy común que los demás tripulantes le impongan pruebas de iniciación, las cuales, por supuesto, se llevan a cabo sin su conocimiento ni aprobación. En ello mismo radica la gracia y el éxito de las inocentadas a las que se les acostumbra someter. El bautizo tiene un carácter casi cabalístico en la aviación comercial. Se dice que es para la buena suerte del neófito, aunque en realidad considero que ésa es una pobre justificación para las risas que se quieren pegar los demás a costa de hacerles pagar su derecho de piso a los novatos. Y como todo en la vida se va renovando, cada vez se inventan bautizos más desgraciados.

A mí me hicieron una muy buena. Cuando yo comencé a trabajar, estaba estipulado que antes de empezar a ejercer las funciones de tripulante teníamos que cumplir con cuarenta horas de vuelo en calidad de observadoras. Era lo mismo que iniciarse en una empresa como practicante. No volábamos con uniforme sino que debíamos llevar un atuendo blanco y negro que nos hacía parecer pingüinos. Cuando estás de observadora nadie te mira, existe un gran respeto por las jerarquías, todo basado en la antigüedad de cada tripulante en la compañía. Las cosas funcionaban casi como un sistema castrense, y nosotras, las nuevas, estábamos en el último escalafón de esa pirámide:

—Si quieres comer, pide permiso, comerás lo que sobra, y comerás cuando yo te lo diga.

El día de mi bautizo nos correspondía volar a una ciudad en la selva amazónica, y yo, como simple observadora, intervine en lo mínimo durante el servicio. Cuando nos aprestábamos a retornar a la capital la jefa de cabina nos comentó, a mí y a mi compañera que también era nueva, que el vuelo de regreso estaba lleno y que nosotras teníamos que bajarnos del avión y permanecer en tierra. Así que resignadas, sin mayor opción, cogimos nuestras maletas de ropa extra, con la que viajan todos los tripulantes, y empezamos a descender por las escaleras. Completamente desconcertadas y haciendo gala de nuestra función primaria en la aerolínea, nos limitamos a observar cómo terminaban de embarcarse en el avión los pasajeros y cómo luego se cerraba la puerta tras el último e iniciaba su marcha la aeronave. Todo esto ante la mirada abatida y estupefacta de nuestros ojos, mientras nos encontrábamos de pie en la plataforma bajo una lluvia torrencial, sujetando en la mano nuestros pequeños equipajes. Ya cuando el avión abandonaba casi la plataforma para dirigirse hacia la pista, se abrió de pronto la escotilla del comandante y, con un tono serio que intentaba camuflar una risa, exclamó:

—¡Hey, chicas! ¿Qué hacen ahí paradas? ¿No piensan subir?

Empezamos a correr sobre el pavimento, arrastrando las maletas, tropezando con los tacones, empapadas del aguacero tropical, intentado alcanzar el avión que aún se alejaba de nosotras con lentitud pero también constancia. Por fin se detuvo cuando le alcanzamos y, entonces, se abrió la puerta y se desplegó la escalera retráctil para que subiésemos. Al entrar en la cabina, agitadas y totalmente mojadas como si llegásemos de una competición de natación pero con ropa, nos encontramos con las burlas de todos los compañeros que, con una palmadita en la espalda, nos repetían:

—¡Bautizada, bautizada!

Y para colmo de la malicia, el avión estaba prácticamente vacío.

Lo peor de los bautizos y de ser una novata es que todo el mundo te hace pasar por lo mismo hasta que terminan de conocerte la totalidad de los tripulantes con los que te toca volar. En otra ciudad, cuando bajamos del avión, un compañero me dijo que en el departamento de aviación civil del aeropuerto estaban solicitando nuestras muestras de orina para realizar una imprevista prueba de consumo de drogas, las cuales, efectivamente, se llevan a cabo con cierta regularidad en esta profesión. Entonces me hizo entrega de cuatro bolsas pequeñas de plástico conteniendo un líquido amarillento y cálido, asegurándome que en ellas habían orinado los demás tripulantes y que sólo faltaba mi muestra para el análisis. Entonces, convencida de la seriedad del proceso, me fui al baño con una bolsita vacía y me esmeré por miccionar en su interior sin contaminarme las manos. Al salir del lavabo me esperaba el compañero con las cuatro bolsas diciéndome que ahora me tocaba llevarlas todas al laboratorio para observar el resultado de los reactivos. Entonces me dio las muestras de orina y me señaló a un hombre que caminaba hacia una de las oficinas al final del pasillo, indicándome que era a él a quien tenía que hacer entrega de los desechos. Los demás tripulantes se quedaron observándome desde una distancia media, animándome a que continuase con ademanes de confirmación sobre la identidad del sujeto mientras yo, timorata, me acercaba a él con el pis de cinco personas en la mano.

—Señor, me han dicho que esto se lo tengo que entregar a usted.

El individuo se dio la vuelta, me miró a la cara, bajó los ojos hacia las bolsas orinadas colgando de mi mano, levantó nuevamente la vista hacia mi rostro y, con una mueca de asco e incomprensión, me dijo:

—¿Y qué se supone que tengo que hacer yo con tus meados? —y frunciendo el ceño en gesto de desaprobación me espetó con sequedad—: ¡No seas guarra, niña!

Cuando levanté la mirada buscando a mis compañeros, me los encontré casi en el suelo partiéndose todos de la risa. El supuesto analista era un hombre cualquiera, las benditas bolsas en realidad llevaban manzanilla o té y yo me quedé ahí de pie sintiéndome la más tonta de todas las personas del mundo, sujetando, eso sí, una bolsa con autentica orina: la mía.

Pero como dulce es la venganza, luego llegó mi turno de bautizar a otras azafatas. De hecho, yo caí redonda en muchas de las trastadas que me hicieron, y si bien con la experiencia gané mucho en seguridad, como se suele decir, la vaca no se acuerda de cuando era ternera. Hay veces en que se me hace difícil concebir la ingenuidad que demuestran algunas novatas, a las cuales se les puede inventar cualquier historia que se tragarán enterita si es que proviene de un tripulante veterano. Recuerdo, una vez, mandar a una chica a pedir la llave del avión a la torre de control y ella, pensando que eso funcionaba igual que un coche, salió decidida a buscarla.

A otra principiante, en complicidad con el capitán, le dijimos que había un problema de acumulación de agua potable en los tanques del avión y que para descongestionar las tuberías tenía que entrar en el lavabo y tirar de la cadena del retrete cada quince minutos. La pobre, con suma obediencia, estuvo más de dos horas mirándose el reloj en la muñeca, controlando el tiempo para entrar cada cuarto de hora a cumplir con el trascendental encargo, mientras el resto de los tripulantes nos descojonábamos con disimulo para evitar que descubriera la farsa.

Hubo otra novata a la que, al hacer una escala en un pequeño aeropuerto, le entregamos todos los vasos sucios de la primera clase y le dijimos que, como se había acabado el agua, tenía que bajar del avión para lavarlos a mano con una manguera que había en la plataforma. Nosotras nos quedamos arriba mirándole fregar escrupulosamente vaso por vaso, sumergidas en una carcajada interminable. El ataque de risa se intensificó más cuando la inocente chica retornó con la pila de vasos limpios en la mano y un gesto de satisfacción en la cara por la labor bien realizada. Cuando se enteró de la broma nos tildó a todas de crueles y, escapándose hacia el fondo de la cabina, se echó a llorar.

Pero si a nosotros se nos ocurren tonterías, son los pilotos los que en realidad fraguan las mejores inocentadas. Son unos pesados, unos bromistas, siempre andan fastidiando, jodiendo. Sucede que en los vuelos largos, dado que se activa el piloto automático, ellos se aburren como ostras y como no tienen nada mejor que hacer, llaman por el interfono a pedir cualquier cosa, nos ponen apodos, se inventan problemas técnicos para que entremos en el *cockpit* a ayudar y luego se puedan poner a indagar sobre nuestras vidas privadas, o se comunican por el interfono diciendo:

—Llamamos de Pizza Hut para confirmar los ingredientes de su pedido. Tenga cuidado con tanta cebolla que luego ahuyentará al novio y se quedará solterona.

En los vuelos nacionales de treinta minutos hasta un máximo de una hora sí que se comportan con mucha profesionalidad porque no tienen tiempo para nada, pero cuando volamos una ruta internacional, ahí lo que más les sobra son los minutos para inventarse todo tipo de trastadas y ponerse a molestar a las azafatas, justo cuando somos nosotras las que vamos apremiadas con el servicio en la cabina.

Recuerdo una vez en que, estando como jefa de cabina, me tocó viajar con un comandante que era muy serio, un caballero a la antigua usanza. Era un hombre mayor, alto y guapo aún, que ya se encontraba al borde de la jubilación. Entonces me llamó por el interfono y me dijo:

—Liliana, sé que hay una chica nueva atrás. Estoy aburrido. ¿Puedes decirle que venga al *cockpit*, por favor?

Yo fui al *galley* posterior y la encontré sirviendo unas tazas de café. Cuando le comuniqué que el comandante solicitaba su presencia en la cabina de vuelo, ella regó un poco de café sobre la superficie y se puso muy nerviosa. Yo le animé diciéndole que el capitán era un hombre amable y que sería muy bueno con ella. Le vi subir por el pasillo con paso torpe y asustadizo. Cuando entró al *cockpit*, el comandante le hizo una seña para salir y dirigirse hacia las inmediaciones del lavabo más cercano. Tomaron asiento en los trasportines. Él la miró fijamente a los ojos.

—¿Cuál es tu nombre?

—María.

—¿Y cuántos años tienes, María?

—Veintinueve.

—Ah, entonces ya eres adulta, igual que yo. Mira hijita, aquí en la aviación la vida es muy rápida y nosotros tenemos una costumbre… éste es un equipo, tú sabes. Y lo que sucede en el avión aquí se queda, nadie se lleva nada a casa. Tenemos la costumbre de que toda chica nueva tiene que estar con el comandante. Así son las cosas.

La chica se puso pálida, y se quedó paralizada de horror cuando el capitán empezó a desajustarse la corbata y le puso una mano encima de la rodilla. El comandante, no pudiendo aguantar más el sufrimiento de la pobre azafata, le dijo:

—Hijita, ¿cómo se te ocurre? ¡Bautizada!

Al mismo tiempo en que sonaron esas palabras, irrumpimos en escena todos los tripulantes con una ovación acompañada de carcajadas incontenibles por el magistral bautizo que había perpetrado el curtido piloto, ante la mirada atónita todavía de la incipiente azafata.

Entre otras jugarretas que se les practican a los primerizos hay una que incluye la pintura con lápiz labial en los bordes de las máscaras de oxígeno para que, al hacer la demostración ante los pasajeros, les queden las caras pintarrajeadas de carmín y, sin darse cuenta, se pasen el resto del vuelo caminando por la cabina y atendiendo a los viajeros con la ridícula pinta de payasos. También solemos pegarles papeles en la espalda con los siguientes mensajes:

—Soy nueva, no sé qué hacer.

—No me pidan nada, que no tengo idea.

—Soy un peligro a bordo.

Mucha crueldad, es cierto. Pero ya les tocará también a ellas vengarse y así continuar con el ciclo vital de las novatadas que tanto alivian el estrés de nuestras vidas profesionales.

Sara, 28 años

Considera la profesión de auxiliar de vuelo muy dura y que exige un alto compromiso personal y profesional. Sin embargo, disfruta de su trabajo que le ha permitido recorrer numerosos países y destinos interesantes. Dado el riesgo que conlleva el volar, asegura que un buen tripulante tiene que estar siempre mentalizado de que cualquier cosa pueda suceder, incluso la pro-

pia muerte. Por eso entiende que no sea inusual que en esta profesión muchas personas se vuelvan frías y más osadas con respecto al peligro.

Este oficio requiere altas dosis de compromiso y de fortaleza mental. No entiendo, por ejemplo, de dónde sacamos la fuerza de voluntad para permanecer despiertos durante toda la noche mientras el resto de los pasajeros duermen. A eso de las tres de la madrugada estás que te mueres de cansancio, pero una vez que superas ese umbral es como si recién te hubieses levantado y ya puedes seguir de largo durante varias horas más. Es un trabajo realmente jodido. Dicen que de una mala noche nunca te recuperas, lo cual me hace imaginar, con pavor, el sinfín de malas noches que tendremos en nuestro haber los tripulantes. Con los viajes largos, las diferentes altitudes, los constantes cambios de presión atmosférica a los que estamos expuestos y los horarios inestables del sueño, no es de extrañar que suframos una inmensa transformación en nuestros organismos. Por ejemplo, los niveles de melatonina en el cerebro se ven afectados generando serias transformaciones en el metabolismo. Los cambios de presión atmosférica producen aceleración del pulso y agitación. En muchas ocasiones acabamos en el *cockpit* con el corazón en la garganta, succionando oxígeno para apaciguar su ritmo desenfrenado. Otro mal que espanta a las azafatas es el de las arrugas, por eso siempre estamos maquillándonos porque sino pareceríamos fantasmas de lo pálidas que terminamos luego de las jornadas maratonianas sobre el avión y por la inconstancia de nuestro descanso.

Para ser auxiliar de vuelo hay que tener un enorme sentido de la autodisciplina y una voluntad de hierro. No cualquiera podría dedicarse a esta profesión. Una particularidad notoria en la gente que se dedica a volar se encuentra en la capacidad que tenemos para aceptar el cambio. Hoy en la mañana puedo estar dando una entrevista en mi casa, más tarde me estoy tomando un café en Miami, luego me voy de compras en Caracas y al día siguiente estoy buscando fruta en un mercado del centro de Lima. Somos muy cambiantes pero muy impacientes también, lo cual, personalmente, me supone un problema. Si tengo que hacer una cola en un banco me muero. Esa lentitud y esa forma de perder el tiempo me puede volver loca, sobre todo considerando que estoy acostumbrada a realizar un servicio expeditivo para doscientos cuarenta pasajeros en tan sólo una hora. A veces somos proclives a comernos el tiempo también. Es casi un síndrome del tripulante de cabina el no poder acertar con la hora, o el día, o el mes. Incluso nos perdemos los eventos mundiales porque, como no estamos pegados al televisor, el mundo sigue su curso y nosotros el nuestro. Luego te enteras de una noticia espectacular y te quedas sorprendida, como si te estuviesen contando los sucesos de un relato literario o de una película. Vivimos atrapados, absortos en nuestra burbuja. Vivimos, simbólica y literalmente, en las nubes.

Y así como perdemos el sentido del tiempo, a veces nos pasa también que perdemos la noción del espacio en que nos encontramos. Cuando salgo en vuelos internacionales me levantó por la mañana en la cama de un hotel sin tener conciencia de la ciudad en la cual me encuentro verdaderamente.

Cuando estoy completamente exhausta y me despierto en casa, durante ese breve periodo de segundos en que abro los ojos y mi sistema se empieza a encender, aún me cuestiono dónde me encuentro, sin poder hallar asidero alguno en la realidad, en medio de esa habitación oscura que al final resulta ser la mía.

Pero, sin duda alguna, volar es apasionante. Suceden todo tipo de cosas, constantemente te vas encontrando con personajes singulares y situaciones graciosas. Por ejemplo, en los vuelos nacionales ya sabemos que nos toparemos con preguntas de lo más insólitas debido a la clase de pasajero que acostumbra a viajar en esas rutas. Generalmente son gente con poca cultura aeronáutica. Recuerdo a una mujer que alzaba la mano desde su asiento intentando llamar mi atención.

—Señorita, ¿podría abrir la ventana del avión que me muero de calor?

Si supiera lo que le ocurriría creo que le daría un infarto al enterarse de las enormes fuerzas a las que estamos expuestos allá arriba.

O luego te encuentras con la gente que se cree que está en un restaurante cuando pasamos con el *trolley* ofreciendo el servicio de la comida.

—Señorita, yo quiero un ceviche, por favor.

—Y a mí tráigame un batido de fresas, si fuera tan amable.

O cuando sube una persona con una tarta en la mano y te pregunta si podrías guardársela en la nevera. O el que quiere que le cuelgues el abrigo en un armario para que no se le arrugue. Aquellos que te piden un enchufe para cargar el móvil o el ordenador portátil. Los que te ofrecen una película de video familiar de las vacaciones para sustituir la que tiene programada en la pantalla. Y es que se les ocurre cada burrada. Como esos pasajeros que se insertan bolas de algodón en los oídos pensando que de ese modo evitarán que se les tapen. Pero luego también están las personas que jurarían que una es la Mujer Maravilla. Me acuerdo de un pasajero, de estos que combaten la presión atmosférica con algodón, que se me acercó a decirme que se había metido la bola muy adentro y que ya no se la podía sacar. Se aproximó a dos centímetros de mi cuerpo y, sosteniendo su cartílago para abrir más la zona, me estampó la oreja en la cara diciendo:

—¿Ve usted? Está bien metido, ¿me lo puede sacar?

Yo, por supuesto, con la mayor educación, le informé de que no estamos equipados con el material más apropiado, que no me gustaría hacerle daño y que para eso mejor tendría que visitar a un otorrinolaringólogo.

Y es que la mayoría de estos pasajeros están perdidos en el avión, no se enteran de nada. Son tan vulnerables que parecen niños a veces. Pero yo estoy ahí porque me gusta trabajar con personas, atenderlas, ayudarlas. No hay nada más gratificante, para mí, que trabajar con la gente. Ellos reconocen tu labor de inmediato y el agradecimiento es constante en esta profesión. Personalmente, creo que esa interacción no tiene precio. Prefiero esto a sentarme delante de un frío ordenador a ganar millones.

Para ser auxiliar de vuelo uno tiene que estar preparado para trabajar bajo presión, no sólo la de la cabina sino la que generan todas las situaciones que debemos manejar de un momento a otro, sin previo aviso y sobre la marcha. Me he dado cuenta de que tenemos la habilidad para realizar cinco cosas a la vez. Mientras estás concentrada en el servicio, estás mirando todos los timbres de veinticinco filas, estás pendiente del *cockpit* por si hay una llamada del comandante, estás alerta por si algún pasajero muestra síntomas de algún problema de salud y estás respondiendo cualquier pregunta tonta que te hace el pasajero que tienes al lado. ¿Por qué tendrán esa costumbre de preguntar siempre dónde estamos? Cuando estás a diez kilómetros del suelo, para nosotras es tan misterioso como lo es para el pasajero saber exactamente por dónde estamos volando.

Pero volviendo a la capacidad que tenemos para ejecutar varias tareas al mismo tiempo, debo reconocer que ésa es una de las habilidades que más podemos aplicar en nuestra vida cotidiana. He podido comprobar su eficaz utilidad a la hora de lidiar con los asuntos domésticos y familiares. Pero, asimismo, tengo que añadir que algunas de las habilidades que debe poseer el buen tripulante de cabina sólo se logran desarrollar con el transcurso del tiempo y la experiencia. Entre ellas destaca la capacidad que tenemos para trabajar en equipo, que es de vital importancia y un requisito fundamental para desempeñarse bien en esta profesión. El conjunto de la tripulación lleva a cabo la organización de cada vuelo y si algún tripulante hace algo mal las consecuencias de su error nos afectarán a todos. Somos una cadena porque cada acto individual repercute en el trabajo del resto y en el resultado final del vuelo. Asimismo, la comunicación al interior del equipo es absoluta e inmediata. Compartimos la información de todo lo que sucede en la cabina en cuestión de segundos. Si un pasajero empieza a comportarse de un modo desmesurado, al instante se transmite un mensaje que corre de boca a boca o pasa por el interfono.

—Código azul, 24 Charly.

Supongo que cada compañía tiene su propio lenguaje, pero en nuestro caso, un mensaje como ése significaría que el pasajero que viaja en la fila 24, asiento C, se ha pasado de copas y que ya no debemos servirle más alcohol.

Otra habilidad desarrollada que he podido comprobar en mi persona es el altísimo grado de conciencia que tengo sobre los parámetros de seguridad a bordo. En gran medida, recae en mí la responsabilidad de que todos los pasajeros lleguen a sus casas sanos y salvos. Hay emergencias cotidianas que exigen la aplicación de nuestros conocimientos de primeros auxilios, o también están los procedimientos normales que debemos ejecutar en caso de riesgo, como saber armar el tobogán y guiar a los pasajeros hacia las puertas de salida, entre otras cosas. Si yo obviase algún paso de mis procesos podría llegar a darse un accidente. Todos los días, antes de cada vuelo, hacemos un *briefing* en el que repasamos todos los procedimientos generales de seguridad, de evacuación, de emergencia y una detallada revisión de equipos.

Como será que tengo tan grabado el chip de seguridad en la cabeza que incluso lo pude confirmar durante un viaje que hice como pasajera cuando regresaba de recibir una capacitación en Chile, que es donde está la base de operaciones y entrenamientos de la compañía, con sofisticados simuladores y demás artilugios técnicos. Recuerdo estar sentada en la cabina exhausta, prácticamente desmayada sobre mi asiento. Entonces, el piloto ejecutó un aterrizaje tan brusco que por poco cayeron de los compartimentos las máscaras de oxígeno. Yo, que iba profundamente dormida, me desperté abruptamente y con las mismas empezó a trabajar todo mi sistema. Ubiqué las puertas de emergencia, ya sabía hacia dónde dirigirme, estaba alerta de todo lo que sucedía en la cabina. Y todo lo procesaba de un modo instintivo. Es indudable que el entrenamiento resulta fundamental.

Creo que por esta razón los auxiliares de vuelo nos volvemos un poco fríos con respecto al riesgo. Tengo una compañera que ha sufrido tres accidentes y aún sigue volando. Y yo en quince años he tenido seis emergencias. La verdad es que somos un poco como Rambo. En ocasiones nos llevan a escuelas de supervivencia para seguir cursos de entrenamiento bajo la instrucción de algún cuerpo militar. Por eso creemos mucho en los rangos, respetamos las jerarquías. El trabajo que realizamos implica un riesgo extremo, por eso llevamos tan instalada en la mente la idea de poder morir en cualquier vuelo y eso mismo nos ayuda a manejar las circunstancias de alta tensión que se pueden presentar en el aire. Definitivamente te vuelves una persona más intrépida, más osada. La gente nerviosa de ningún modo pasa las pruebas para convertirse en tripulante de cabina. El perfil de un auxiliar de vuelo exige saber actuar con rapidez, adaptarse a los cambios, y tener mucho criterio y sentido común. El tema de los primeros auxilios requiere sangre fría y nervios de acero. Si bien tenemos un entrenamiento de enfermería básica, tampoco somos médicos, pero cuando se da una hemorragia intensa o un infarto cardíaco, la persona que debe tomar cartas en el asunto eres tú, si es que no hay un especialista a bordo. Y luego, cuando consigues sobreponerte a la adversidad, resulta muy gratificante el darse cuenta de que eres capaz de tomar control sobre cualquier situación, del papel esencial que cumples a bordo y de lo competente que eres en tus funciones. Todo esto se lo debemos a la minuciosa capacitación que recibimos, con regularidad, durante el curso de nuestras vidas profesionales.

Nunca me olvidaré de aquel niño alemán que apareció con su madre en el *galley* completamente empapado en sangre porque tenía una profusa hemorragia nasal. La madre asustada me suplicaba que le detuviese el sangrado como fuese. Rápidamente entré en el modo de acción. El primer procedimiento en un caso como ése manda aplicar presión directa a la nariz, pero al hacerlo no sucedió nada. El siguiente paso, que ya debería ser realizado por un médico, exige taponar la nariz, pero así tampoco se detuvo la hemorragia. Finalmente, no me quedó más opción que intentar ponerle hielo sobre la nuca y la frente para causar la constricción de los vasos sanguíneos y sólo entonces paró de brotar la sangre.

Es cierto que un tripulante también debe ser un anfitrión, pero básicamente nuestra misión principal es la de tomar acción en todos los temas que estén relacionados con la seguridad del pasajero. Desgraciadamente el público esto no lo sabe; se piensan que estamos ahí para servir comida y sólo se dan cuenta del valor de nuestra presencia y entrenamiento cuando aparece una emergencia. Si hasta me ha pasado, con alguno de estos pasajeros que no se enteran de nuestras verdaderas funciones, que me soliciten acompañar al niño al lavabo, todavía indicándome qué método utilizar para limpiarle el culo a la criatura. O luego, también, que me extiendan de pronto un pañal lleno de caca y un gesto de agradecimiento adelantado, sin saber que yo, por dentro, estoy fantaseando con coger el pañal y embarrárselo en toda la cara por atrevida. Incluso, alguna madre me ha entregado el potito, la cucharada y el babero, diciendo:

—Señorita y cuando acabe con el potito procure que el niño erupte que si no le cuesta dormirse.

Por no decir el arrojo de aquella mujer que acompañaba a su madre ya anciana y me espetó como si yo fuese una enfermera de planta:

—Haga el favor de acompañar a mi madre al lavabo. Y tenga, no olvide de ponerle el pañal pero no se lo aprete muy fuerte que luego le provoca molestias.

Tampoco faltan los pasajeros frescos. Recuerdo una vez, mientras daba la bienvenida a los pasajeros al avión, subieron dos argentinos que se quedaron mirando, tras la mampara que divide la primera clase con el resto de la cabina, lo que era el sector del *crew rest*, que son las literas que utilizan los pilotos para descansar en los vuelos que exceden las ocho horas. Son dos camas dentro de un compartimiento cerrado y aislado, pero como la puerta estaba abierta, cuando pasaron los argentinos al lado mío uno me preguntó:

—Che linda, ¿qué es eso?

Y el otro sinvergüenza le respondió a su amigo.

—Ah, no boludo, esto es primera clase. *Full service.*

Yo me quedé sin palabras por la tremenda falta de respeto que sugería que nosotras estábamos ahí para satisfacer las necesidades sexuales de los pasajeros. A veces me resulta incomprensible cómo puede haber gente tan vulgar e insolente.

Otro tipo de pasajero que también resulta complicado es el ejecutivo con ínfulas de superioridad. Se pasan de copas en la sala de embarque VIP y, luego, por la combinación del estrés, el alcohol y la presión de cabina, se ponen groseros y agresivos con las azafatas. A estos personajes les sucede que, como en su día a día se dedican a manejar a muchas personas, es decir, que son gente de mando, cuando llegan al avión se convierten en un simple pasajero más, sin función alguna y sin ningún tipo de control sobre nada. Entonces lo que quieren es sobresalir, llamar la atención. Te hablan en tono imperativo, te tocan el timbre constantemente, te solicitan cosas que no encontrarás, y todo con el objetivo de hacerte sentir mal, de minar tu confianza. Luego está, también, el ejecutivo seductor, el que no tiene nada que hacer y se tira el vuelo entero intentando coquetear contigo, pasándote sus tarjetas de negocios, ufanándose de su trabajo y su riqueza, tratando de deducir el tipo de chica que eres para ver si tiene posibilidades contigo, etcétera. O luego está el que hace lo que le viene en gana porque se cree que tiene todo el derecho a comportarse como si estuviese en su oficina. Se enciende un cigarrillo y se pone a fumar directamente, sin preguntar, sin inmutarse del peligro que representa para la seguridad del vuelo.

También tenemos a los pasajeros que se conocen al subir al avión y luego surgen unas chispas apasionadas muy difíciles de ignorar. Son amores pasajeros y ahí donde nacen, mueren. Despega el avión y comienza a subir la temperatura. Se besuquean, se meten mano, se esconden bajo las mantas y, al cabo de un rato, en el clímax de la pasión contenida, se levantan de sus asientos y se dirigen al lavabo para encerrarse a terminar con más soltura lo que, a vista y paciencia del pasaje, empezaron. Luego, una tiene que hacer de aguafiestas e interrumpir la escena erótica tocando la puerta para que salgan. Es que en el manual también está estipulado como pasajero disruptivo aquél que exhibe comportamientos inmorales en la cabina. Pero hay ocasiones en que les dejamos llevar a cabo sus fantasías si se da el caso de ser un vuelo nocturno o que va semivacío, lo cual facilita que no se perturbe la comodidad de otros pasajeros.

Otra historia con pasajeros revoltosos me hace recordar una batalla campal a dos bandos que se armó a causa de una discusión entre dos mujeres. En la cabina viajaba un grupo de argentinos y otro grupo de uruguayos, todos con sus esposas e hijos. La disputa se inició por causa de una de las mujeres y un reclamo que le hacía a otra para que enderezara su asiento. No sé hasta qué punto escalaron los insultos, pero pasó que una de ellas lanzó el contenido de su copa a la cara de la otra y luego la otra se aferró al cabello de la primera y empezó a tirar y a darle de manotazos. Fue entonces que se metieron los maridos y, a continuación, entraron en defensa todos los demás, armando una riña violenta que acabó pareciendo una de esas bolas de humo que se ven en las caricaturas, de las cuales sólo emergen pies y manos, y que avanzaba peligrosamente hacia la puerta del avión. Y es que algunos vuelos pueden cargar con un ambiente de mucho estrés. Hay demasiadas personalidades distintas viajando en vuelos largos e incómodos. No es de extrañar que, en determinado momento, éstas puedan llegar a colisionar.

También están los pasajeros de edad avanzada que ni se enteran de que están surcando las nubes en un avión. Una vez me tocó una anciana que sufría de la enfermedad de Alzheimer y que viajaba sola.

—Señorita, yo me bajo en la próxima estación —me dijo la pobre imaginando que viajaba en un tren.

Me parece tan cruel eso de enviar a un anciano enfermo a viajar solo en un vuelo de cinco horas. Del mismo modo que me tocó otro señor de la tercera edad, que sufría del mismo mal y, por la película que se estaba mostrando en la cabina, pensaba que se había metido en un cine.

Luego tienes a los pasajeros que por no perderse un vuelo hacen lo que sea, hasta subirse al avión con cuarenta de fiebre, recién operados o con alguna enfermedad. Y rato después, cuando empiezan a sentirse peor, hay que estar sacando los balones para proporcionarles oxígeno o aplicándoles algún que otro cuidado de primeros auxilios. Como el caso de un hombre molesto porque su vecino de asiento tenía los auriculares de la música demasiado altos y, además, canturreaba la canción con gran desafine. Después de rogarle encarecidamente que bajará el sonido y cantara para sus adentros le pegó un mordisco de tal calibre en la oreja que se quedó con parte de ella. Por fortuna, la mayoría de la tripulación eran hombres y pudieron detener aquella trifulca que acabó con el agresor detenido por la policía en el aeropuerto de destino.

Un hombre se cortó las venas en plena cabina; cogió el vidrio de sus anteojos y se rasgó las muñecas, causando unas heridas tan profundas que ni siquiera con el torniquete que intentamos aplicarle usando su propia corbata le pudimos salvar. Había perdido demasiada sangre ya. Luego tuvo que venir el juez a levantar el cadáver, el avión se tuvo que inmovilizar y todo fue un caos a partir de entonces. Estas historias de muertes a bordo, por más tristes que sean, nos resultan de lo más inconveniente a los que trabajamos en esta industria. Recuerdo la historia que me contaron de un vuelo, en el que no me tocó trabajar, en el cual falleció una persona por causas naturales. Con el objetivo de no ocasionar malestar entre los pasajeros, se trasladó el cadáver hacia el *crew rest*, con una máscara de oxígeno en la cara, y se le dijo a los pasajeros que le vieron acostado en la litera, que el hombre estaba descansando. Esto es lo que solemos hacer obedeciendo las reglas del procedimiento; le pones al muerto el oxígeno sin encenderlo y así evitas que la gente se altere. Resulta que desde aquel aciago acontecimiento, en dicho avión penan. Lo juro. El espíritu del hombre debe haberse quedado atrapado en la cabina porque en las noches, cuando el avión está vacío y estacionado, se escuchan tétricos sonidos emanando de él y luego se encienden y se apagan las luces en su interior. Es verdaderamente escalofriante. Ningún tripulante quiere nunca viajar en esa aeronave. Suficiente tenemos ya con las monstruosidades de algunos pasajeros como para tener que estar soportando el acecho repentino de un fantasma mientras estamos preparando el servicio en el *galley*. No gracias, paso.

Y aunque la muerte, a veces, tenga un cariz macabro como en esa historia, lo cierto es que constituye una idea con la cual los tripulantes estamos acostumbrados a lidiar, no sólo por la cantidad de fallecimientos que ocurren en los aviones, sino por la mentalidad que tenemos que asumir para desenvolvernos con normalidad en la profesión que escogimos. Está claro que hay muchas cosas que pueden salir mal en un vuelo, y uno siempre tiene que estar preparado mentalmente para enfrentarse al peor escenario posible.

La emergencia más angustiante que tuve en mis quince años de azafata sucedió en un vuelo que nos trasladaba de punta a punta del país. Yo pensé que nos caíamos, que me había llegado la hora. Pasó que de un momento a otro nos sumergimos en una nube cumulonimbus, una de las formaciones nubosas mas impresionantes en tamaño y que se halla entre las más temidas y respetadas por las enormes cantidades de energía que genera. Los fenómenos meteorológicos que puede desencadenar abarcan desde feroces precipitaciones, granizadas y relámpagos, hasta incluso potentes tornados. Digamos que ingresar en una de esas masas gaseosas puede ser como meterse en el Triángulo de las Bermudas. Es de lo peor que le puede suceder a un avión.

De pronto, se sintió en la cabina algo semejante a una explosión y en ese mismo instante el avión empezó a caer en picada. Se escuchó, al unísono, un grito aterrorizado entre los pasajeros que fue seguido por un silencio sepulcral. Todos se quedaron mudos y paralizados de la impresión mientras nos precipitábamos vertiginosamente al suelo. Se me ocurrió en ese momento que habíamos perdido los motores y que de ésa no salíamos con vida. En el momento del estallido, que se percibió en la cabina como si nos tomasen una foto con una cámara gigante, yo estaba en el *galley* delantero con una de mis compañeras más cercanas. No tuvimos tiempo siquiera de entrar en pánico, simplemente nos resignamos a aceptar nuestro destino, nos abrazamos y empezamos a despedirnos del mundo.

—Adiós amiga, fue un gusto conocerte, espero verte en el cielo.

Parecería casi como si nos estuviésemos tomando el peligro a la ligera, pero la verdad es que yo me lo estaba tomando con resignación. Pasé miedo, claro, pero al mismo tiempo lo asumí con la profesionalidad y madurez que desde el principio me exigió este trabajo. Como dije antes, un tripulante sabe que puede morir en cualquier momento, así que yo me persigné, dediqué mis últimos pensamientos a mi familia y cerré los ojos a la espera del golpe final.

No sé durante cuántos segundos estuvimos en caída libre, pareció una eternidad, pero al cabo de un rato la aeronave se niveló y comenzamos a recuperar altura. Sucedió que el primer oficial había estado intentando observar las nubes a través del parabrisas, verificando visualmente en el cielo lo que se registraba en el radar. Al hacerlo apoyó levemente su pecho contra el timón y justo entonces un rayo cayó en la cabina de mando transmitiéndole una descarga eléctrica que le dejó inconsciente. Fue el peso de su cuerpo volcado sobre los controles de vuelo lo que propició la caída repentina del avión. Aunque los aviones están siempre equipados con pararrayos, probablemente la estática en alguno de los instrumentos del panel de mandos fue la que permitió la conducción de la electricidad hacia su cuerpo, pero no podría asegurar exactamente cómo fue que le sucedió el accidente al copiloto.

Poco a poco, mientras pasaron los minutos, el orden se recobró en la cabina de pasajeros y todos pudimos empezar a respirar con cierto alivio. Recuerdo con especial claridad la conmoción nerviosa de un auxiliar de vuelo bastante joven que no paró de gritar y llorar mientras descendíamos y que se pasó casi el resto del vuelo agazapado en el *galley* sollozando, diciendo que no lo soportaba más y que se quería bajar ya. Esto es lo que les sucede a aquellos que se meten a trabajar en este oficio por las razones equivocadas, no tienen conciencia del riesgo o les falta madurez. Hay que ser muy valiente para ser azafata.

Laura, 32 años

«No todas las azafatas son putas ni todos los azafatos son gays» asegura de sopetón esta auxiliar de vuelo catalana intentando desmitificar los prejuicios que han caído, durante varias décadas, sobre el universo de los tripulantes de cabina de pasajeros.

Aunque en la actualidad se encuentra de baja por maternidad, ha dedicado los últimos seis años de su vida a surcar los cielos del mundo bajo los colores de la línea aérea más importante del país.

Al igual que muchas otras tripulantes que conozco, yo también llegué a esta profesión por casualidad. Nunca me había planteado siquiera ejercer de azafata pero durante mis años de estudiante, necesitando el dinero, empecé a buscar un trabajo por las mañanas que pudiese compaginar con los horarios vespertinos de la escuela. En aquella época yo vivía en Madrid. Al cabo de un tiempo me llamaron de una aerolínea norteamericana que había recibido mi currículo y, considerando que hablaba perfecto inglés, me cogieron para trabajar como personal de tierra. Estuve cinco años con ellos hasta que me enteré de la convocatoria que hacía la principal aerolínea española para captar tripulantes de cabina de pasajeros. Digamos que desde el principio todo sucedió por una cuestión de pragmatismo: yo necesitaba un trabajo, ése fue el que conseguí, y de inmediato me di cuenta de que me brindaba unas oportunidades que no podía rechazar, así que me quedé. Para empezar yo estaba fascinada con la posibilidad de viajar por el mundo, además la paga era muy buena y a pesar de que los horarios eran complicados también tenía mucho tiempo libre. Conforme fueron pasando los años, de manera paulatina y progresiva me fui desencantando de la actividad. Diría que a la larga este trabajo me ha perjudicado a nivel personal más de lo que me ha beneficiado. Los horarios cambiantes te machacan el cuerpo, la alimentación a deshoras trastorna tu organismo, no puedes ir al baño con regularidad, no acumulas las horas de sueño que necesitas. Psicológicamente también me llegó a afectar mucho. Sufría momentos de soledad extrema cuando me hallaba en una ciudad ajena embargada por un constante estado de extrañeza e incomodidad, o cuando me daba cuenta del aislamiento que sentía en una fría e impersonal habitación de hotel a cientos o miles de kilómetros de casa. Es muy cierto también que entre los auxiliares de vuelo que llevan muchos años volando no son pocos los que tienen que recurrir a las pastillas para conciliar el sueño, y creo que ese tipo de prácticas puede terminar causando un grave trastorno tanto a nivel físico como mental.

Actualmente me encuentro de baja por maternidad, tengo dos hijas pequeñas y me dedico por completo a su crianza. Creo que no volvería nunca a ponerme el uniforme de azafata porque he descubierto que es un mundo que dista mucho ya de lo que es mi vida hoy en día. La gente que vuela es muy distinta a mí, gente que ve la vida de otra forma. Yo preferiría incluso trabajar de camarera sabiendo que tendría un horario fijo que me permitiría ir a buscar a mi hija todos los días al colegio. Son perspectivas de vida que se arraigan en otros valores, que se basan en diferentes prioridades, nada más.

Sobre los prejuicios que existen respecto de la gente que trabaja en este campo diría que me parece que están un poco desfasados. Durante décadas se ha pensado que la chica que se dedicaba a ser azafata tenía que ser un poco puta porque se enrollaba con todos los pilotos y con los pasajeros también. Es verdad que los pilotos ganan unos salarios altísimos y que tienen más poder en el avión. Y bueno... si te gusta, te gusta y no hay problema con eso. Pero, hoy por hoy, creo que eso ha cambiado bastante, incluso se les llega a tener un poco de manía a veces porque hay muchos comandantes que son muy estrictos y que entran al avión con aires de superioridad. Antiguamente sí que podía haber una especie de admiración por parte de las auxiliares de vuelo ya que el piloto era un chico bien visto al cual su padre le había pagado la carrera porque costaba mucho dinero y entonces se sabía que era gente de buena familia. Es verdad que a las azafatas, en el pasado, les gustaba tener un marido piloto. Pero eso era hace años, ahora la gente piensa distinto.

Será también que el prejuicio aquél existe por un tema de envidia, tal vez. Es que la azafata siempre está en lo alto y el pasajero que va sentado la mira siempre hacia arriba, ahí en lo alto con su coleta y su uniforme. Supongo que será una imagen atractiva que puede generar ciertos celos, pero a mí me parece que es un mito, como la camarera de discoteca, que se piensa que es puta sólo porque va vestida con minifalda y mostrando un escote espectacular. Pero eso no tiene por qué ser cierto. Del mismo modo ocurre con la percepción de que todos los auxiliares de vuelo masculinos son homosexuales. Sucede que antes éste era un sector exclusivo para las mujeres y luego, cuando empezaron a entrar hombres, los que se inclinaban a ejercer de tripulantes eran gays porque se tenía el concepto de que era un trabajo femenino. Lo mismo sucedió con el sector de la peluquería y la moda. Hoy en día, son ámbitos laborales que se han diversificado mucho y tienen trabajadores de todas las inclinaciones sexuales, credos, razas, gustos musicales, prácticas higiénicas y predilecciones meteorológicas.

En los seis años que trabajé de auxiliar de vuelo me caractericé por tener siempre una gran empatía con los pasajeros. Muchos compañeros me describían profesionalmente más como un pasajero que como un tripulante porque había días en que incluso me daba miedo volar, que me agobiaba de estar en la cabina, o porque siempre me ponía en el lugar de los viajantes en lugar de confrontarlos o de ponerme de mal humor si es que intentaban descargarse conmigo. Y es que es muy comprensible, no es culpa del pasajero que haya un problema de espacio y no tenga dónde guardar su maleta. Como tampoco es culpa suya que el avión arribe tarde desde otro destino y se retrase el vuelo, o que al llegar a su fila se me hayan agotado los periódicos. Es normal que suban estresados y se vuelvan un poco impacientes. No considero que sea un problema que tenga relación con el pasajero ni con la azafata sino más bien con el entorno en general que no da más de sí. En el mundo de la aviación civil existen un sinfín de reglas que se deben respetar, hay muchos aspectos legales que norman la actividad a nivel de la seguridad y de los protocolos que se deben llevar a cabo en cada vuelo. Esto muchos pasajeros no lo entienden y a veces nosotros tampoco. Por ejemplo, lo del teléfono móvil que un día sí se puede encender y otro día no, o lo del ordenador, que es igual. Al pasajero esto le causa confusión. Y como las leyes cambian tanto y la tecnología avanza tan rápido, a nosotros también.

Los recuerdos más gratos de mis años como azafata, aquellos que pintan una sonrisa en mi cara cada vez que los evoco, tienen todos como denominador común al pasajero. Hay cada cosa que se les ocurre hacer cuando van en cabina. Algunas veces porque no se enteran, otras veces por sus extrañas personalidades, y las hay en que son las propias circunstancias de sus vidas las que les llevan a actuar de determinada manera causando, entre la tripulación, una combinación de lástima y de gracia al mismo tiempo, como sucedió con aquella mujer que se resistía por todos los medios a desprenderse de su bolsa.

El protocolo, durante los momentos del despegue y el aterrizaje, exige que todas las salidas de emergencia se encuentren libres y despejadas de equipaje. Ya durante el vuelo uno puede colocar sus maletas donde mejor le parezca, claro que sin molestar a otros pasajeros, pero durante el principio y el fin del mismo las reglas son las reglas. Una mujer de cincuenta años viajaba en el asiento contiguo a una de estas puertas y llevaba consigo una bolsa de tamaño mediano con el que obstruía de cierta forma el acceso a dicha salida. Me acerqué a ella con mucha educación:

—Señora ¿por qué no me permite su bolsa que yo se la acomodaré mejor?

Ella sujetó el bulto y negó con la cabeza sin abrir la boca.

—Señora, no se preocupe, déme la bolsa que yo se la colocaré aquí arriba, justo encima suyo.

Y la mujer se aferró a ella con más fuerza, sosteniéndola sobre su regazo, mientras agachaba la cabeza apretando los ojos y continuaba negándose en silencio.

—Pero señora, sólo será por unos veinte minutos hasta que alcancemos la altitud de crucero —intenté convencerla guardando la calma—. Ya verá usted que estará más cómoda así también.

—¡Que no, que no, que no! ¡La bolsa se queda conmigo! —soltó de pronto la pasajera sorprendiéndome con su rebeldía.

—Pero no tiene por qué preocuparse, mujer, la bolsa estará a salvo en el compartimiento de arriba, nadie se la va a robar.

Y de pronto, delante de mí y sin contenerse una pizca, se echó a llorar desconsoladamente.

—¿Qué le pasa, señora?

—¡Es que tengo a mi marido aquí adentro! —chilló ahogándose en su llanto.

—¿Pero qué dice, mujer? —Me quedé perpleja riéndome hacia dentro por lo extraña que sonó su frase.

—Es que se me ha muerto mi Valentín…

Claro, resultó ser que la pobre llevaba las cenizas de su difunto esposo y no quería separarse de ellas ni por un segundo. Pero como el avión estaba lleno yo no podía cambiarla de sitio, y esa salida de emergencia se tenía que despejar sí o sí, aunque Valentín se hubiese muerto y ella de su regazo no pensara moverlo. Felizmente, uno de los pasajeros que no pudo evitar escuchar el acongojado llanto se ofreció a intercambiar su asiento con ella. Hasta el final del vuelo la desdichada viuda se lo pasó sollozando con los restos del amado encima suyo. Realmente muy triste la escena pero, escondida en el *galley*, aún me causaba un poco de gracia la descabellada primera imagen que apareció en mi cabeza cuando anunció, entre lágrimas, que llevaba a su marido metido adentro.

Más terrible fue el día que una mujer trataba de colocar su maleta en los compartimentos superiores cuando se le cayó el bolso al pasillo. En su interior llevaba una pequeña urna de cristal que portaba también las cenizas de su marido. Al caer al suelo la urna se hizo añicos y las cenizas se desparramaron por el pasillo y los asientos cercanos. Algunos pasajeros quedaron impregnados de las cenizas mientras que la mujer gritaba histérica que no le hicieran nada a su marido. El vuelo salió con cuarenta y cinco minutos de retraso, con la consiguiente indignación de muchos pasajeros que perdían sus enlaces, hasta que se pudo colocar los restos de la ceniza en una bolsita de plástico. La situación por triste no dejaba de ser esperpéntica.

En otra ocasión, tal vez por mi personalidad tan lúdica y cercana con la gente, me sucedió una cosa muy graciosa durante un vuelo que venía de Dakar. La cabina estaba llena de senegaleses color tizón ataviados con sus chilabas tradicionales. Muchos de ellos se veían realmente primitivos, y probablemente ese era el primer avión que cogían en su vida. Uno de ellos me llamó la atención por un abalorio muy extraño que portaba alrededor del cuello y al pasar a su lado me acerqué y se lo cogí diciéndole que era muy bonito. El hombre se puso como un loco desaforado y se levantó de su asiento para iniciar una danza de lo más rara entre gritos incomprensibles que a mí me dejaron espantada. Intenté averiguar los motivos tras la escandalizada reacción del sujeto pero él continuó saltando de un lado a otro cogiéndose el collar, maldiciéndome y vociferando lo que parecía una macumba. Entonces apareció otro pasajero que hablaba ambos idiomas y me explicó que había cometido la imprudencia de tocar su amuleto de la suerte y que aquello constituía un mal agüero en las tradiciones de su tribu. Al darme cuenta de que había metido la pata horriblemente busqué calmar al hombre ofreciéndole, además de mis disculpas encarecidas, un montón de otras atenciones para que se convenciese de que yo no tenía la menor intención de robarle su alma ni de comerme su corazón. Mi sobrecargo estaba furiosa conmigo sospechando que le había hecho alguna inconmensurable vileza al pasajero, mientras que yo seguía intentando explicarle al enardecido senegalés que había sido tan sólo un malentendido y que todo estaba bien. Finalmente, luego de una larga media hora, se apaciguó. A partir de entonces, cada vez que pasaba al lado suyo en son de broma le abría los ojos poniéndole cara de amenaza y le hacía un ademán como de coger su amuleto, a lo cual él respondía siempre con una sonrisa cómplice pero, eso sí, protegiéndolo fuertemente con ambas manos no fuese que yo terminara por ser el diablo vestido de azafata.

Me acuerdo mucho de aquellos vuelos que nos llevaban a Dakar porque nos sucedían experiencias muy bonitas. Es muy bella esa ciudad y su gente. En Senegal no existía ni aeropuerto, aterrizábamos prácticamente en medio del campo. Como es de imaginar, si no había una verdadera instalación aeroportuaria mucho menos habría servicio de *catering*, el cual normalmente es manejado por el personal de tierra que se encarga de reponer los carros de la comida. Entonces al no existir este servicio, cuando llegábamos a Dakar los tripulantes debíamos descargar los *trolleys* de la cabina llevándolos hacia la bodega para luego subir a la cabina los que teníamos ya preparados ahí abajo. Nada más aterrizar se podía ver una enorme masa de gente, los que vivían en los territorios aledaños, acercarse corriendo al avión muy emocionados cargando consigo figuras de madera y collares de piedras, entre otras cosas, buscando intercambiarlas por lo que pudiesen pillar. Hasta por un periódico se volvían locos para luego ofrecer a modo de trueque una piña o algo semejante. Yo intentaba darles todo lo que podía, pero si le daba a uno luego me venían cien. Claro que a nosotros nos estaba terminantemente prohibido aceptar cualquier objeto por razones de salubridad. Incluso para estos vuelos la compañía nos suministraba latas de aerosol conteniendo un desinfectante especial que debíamos esparcir por la cabina antes de aterrizar en Senegal con el objetivo de impedir el ingreso de bacterias y gérmenes al avión. Pero ellos igual se subían como animales, era imposible contenerlos. Te querían tocar, te querían oler, estaban extasiados, era como el evento de la semana. Para mí era una experiencia realmente entrañable y llena de calidez. Había otros tripulantes para los cuales era un horror, pero para mí era precioso. Yo, incluso, adopté a una de mis hijas en África.

De otro vuelo que venía desde Dakar recuerdo un episodio que aún me arranca risas cada vez que lo rememoro. Era un vuelo nocturno y el pasaje dormía. Yo estaba en el *galley* tranquila leyendo un libro y de pronto escuché la llamada urgida de una compañera. Cuando me acerqué la encontré delante de la puerta abierta del lavabo con una expresión horrorizada en la cara. Me asomé al interior y me topé con un corpulento africano orinando sobre el lavamanos con el culo al aire.

—¿Pero qué haces? —solté incrédula sin evitar la risa.

Al oír mi exclamación el tipo se giró y empezó a regar la orina por todos lados, poco faltó para que nos bañase a nosotras también. Pero claro, él no le daba ninguna importancia a todo el asunto. Mostrando una sonrisa despreocupada, y totalmente en bolas, seguía meando por doquier. Con gestos grandilocuentes y una vocalización lenta, como si se tratase de un niño, yo intenté explicarle al hombre que el pipí no se hacía ahí sino en el inodoro. Era casi seguro que no había visto uno en su vida. Cuando le enseñé a tirar de la cadena, el potente ruido de succión que hacen los váteres de los aviones le ocasionó un susto tremendo que le hizo saltar hacia atrás y, entonces, se dio media vuelta y me quedó mirando con cara de «yo ahí no meto la picha ni de coña». Tanto pánico le dio el ruido que hasta bajó la tapa pensando que se lo tragaba entero. Tuve que pedirle, también, que se subiera los pantalones y explicarle que en España no era tan normal eso de andar desnudo por ahí meando donde a uno mejor le pareciese y, menos aún, a vista y paciencia de todo el mundo. El hombre se giró hacia mí sonriendo y asintiendo con la cabeza como quien responde a otra persona sin haber entendido una sola palabra, y no me quedó ya nada más por hacer cuando me hizo entender con señas evidentes que él se conformaba con seguir orinando en la pica.

Con situaciones de este tipo te encuentras siempre, ésas que confrontan a las personas de diferentes culturas e idiosincrasias con realidades ajenas. Por ejemplo, en los vuelos que hacemos a Israel viajan en cabina muchos judíos religiosos que de pronto se vienen al *galley*, donde consideran que tienen más espacio e intimidad, y se ponen todos al mismo tiempo a rezar con dirección a Jerusalén durante más de dos horas. A veces resulta un poco incómodo tenerles ahí al lado mientras tú intentas trabajar y ellos están casi dándose de cabezazos contra la pared al hacer ese típico movimiento con que se mecen de atrás hacia delante cuando rezan. También pasa en los vuelos a países islámicos que muchos de los musulmanes que viajan a bordo sacan sus alfombritas y se ponen de rodillas para orar mirando a La Meca, sin considerar que ahí en medio del *galley* obstruyen el paso y las labores de todos los tripulantes. A veces llega un momento en que el avión se aproxima a su destino y no hay manera de convencerles que retornen a sus asientos para el aterrizaje pues todavía no han terminado sus plegarias. Al final hace falta obligarles un poco a la fuerza ya que si hubiese una inspección de aviación civil la multa le caería a la compañía y no al obstinado practicante.

Otra historia, una más intrigante, me sucedió en un vuelo de Madrid a Barcelona. Yo estaba con mi sobrecargo a las puertas del avión dando la bienvenida a los pasajeros durante el embarque. De pronto llegaron seis hombres vestidos con ropa de calle y se presentaron como agentes de la policía secreta, informándonos sobre la repartida posición que tomarían en diferentes asientos de la clase ejecutiva como parte de un operativo especial que buscaba dar caza a un pasajero que llegaría en cualquier momento. El líder del grupo nos miró fijamente a los ojos.

—Vosotras nos tenéis que ayudar, tenéis que colaborar con la policía secreta. Puede ser muy, muy peligroso. Vamos a colocar a los demás pasajeros de la clase a una distancia prudente del asiento del individuo en cuestión. A mi señal ustedes tendrán que despejar los pasillos y nosotros evacuaremos al sospechoso, ¿entendido?

No nos brindó ninguna clase de información adicional. Mientras el resto de los agentes se aseguraba de apartar a los demás pasajeros, el hombre volvió a hacer hincapié en el extremo peligro que la situación representaba y luego tomaron todos sus respectivos asientos. Mi sobrecargo y yo nos quedamos acojonadas. Fuimos a informar al comandante de la situación y cuando salimos del *cockpit* vimos que el susodicho pasajero ya se encontraba en la cabina acomodándose en su lugar. El tipo, de unos cincuenta años, parecía un lord inglés. Llevaba el pelo engominado hacia atrás, vestía un traje muy elegante y emanaba un aire de sofisticación que le confería la pinta de ser un multimillonario. Cogió una bolsa de plástico grande, la metió en el compartimento del equipaje de mano y luego se sentó. Yo intenté buscar la mirada de alguno de los agentes para confirmar la identidad del sujeto, pero fui completamente ignorada mientras ellos aparentaban estar distraídos con otras cosas.

Pasó el rato y la cabina comenzó a inundarse de un olor nauseabundo que paulatinamente fue haciéndose más notorio e insoportable. Era un hedor verdaderamente repulsivo, pensamos que alguien había lanzado una bomba fétida o algo por el estilo. De pronto, sin más, la policía empezó a actuar. En ningún momento nos avisaron de nada, simplemente se abalanzaron sobre el pasajero que muy calmadamente se puso de pie, sin oponer resistencia alguna, y cruzó los brazos por detrás de la espalda dando su anuencia para ser esposado. Uno de los agentes abrió el compartimento y sacó la bolsa de plástico que minutos antes había guardado el sospechoso. Era una bolsa blancuzca que dejaba traslucir lo que llevaba en su interior y que al ser extraída intensificó la pestilencia en toda la sección. El olor a carne podrida nos hizo comprender la naturaleza del contenido, el cual tenía la apariencia de ser un montón de trozos de carne que bien podrían haber sido los restos de un humano descuartizado. Todo fue muy extraño, desde las advertencias del agente sobre el enorme peligro y la forma tan pacífica con la que se entregó el sujeto, hasta el inusual volumen de policías que se desplegaron y la sórdida imagen de lo que aparentaba llevar el hombre en su bolsa. Bajaron del avión los seis hombres llevándose al detenido. Ninguno de nosotros se enteró de lo que pasó pero por la magnitud de la operación dedujimos que podía tratarse de uno de esos personajes que se ven en las noticias, de los que nadie sospecha nunca nada pero que tras puertas cerradas cometen los crímenes más monstruosos imaginables. Nos quedamos un poco petrificadas por la rapidez de las acciones y por la abominable visión de lo que había en la bolsa. Un buen rato más tarde, ya volando sobre las nubes, empezamos a bromear sobre la aparición de nuestro propio destripador ibérico, más que por insensibilidad supongo que buscando disipar la tensión de tan extraño suceso.

Alejandro, 31 años

Madrileño de nacimiento, catalán por adopción, llegó por mera casualidad al mundo de la aviación comercial en la cual se inició hace casi tres años. Era un poco mayor para entrar en el curso de formación pero al poco tiempo de terminarlo ya estaba volando con una de las aerolíneas de bajo coste más representativas de España. Es de la clase de tripulante que utiliza el humor para establecer la buena química con el pasajero que permite hacer de los viajes una experiencia más amena y menos agobiante.

Con veintiocho años, se podría decir que mi incursión en el campo de la aviación fue un poco tardía, aún así tuve la suerte de que me cogieran tan sólo tres semanas después de haber acabado el curso al que me presenté para sacar el diploma de auxiliar de vuelo. Es cierto que hay compañías que tienen unos parámetros determinados para contratar a sus azafatas; felizmente, para mí, creo que la aerolínea que me contrató no los tenía en relación a la edad. Cada compañía tiene sus propios estándares; en muchas de ellas hay un límite de altura, de peso, etcétera. Por ejemplo, he escuchado de algunos casos en los que durante la entrevista le hagan entrega de una falda a la aspirante a azafata, y si ésta le queda bien pasa a la siguiente fase y si no ya se puede volver a su casa. Así de cruel es la cosa. En los hombres tal vez puede llegar a haber un requisito mínimo de altura pero está claro que son las chicas las que se llevan la peor parte durante los procesos de selección en ciertas aerolíneas. El campo laboral se ha abierto muchísimo en los últimos años para los hombres. En la empresa donde estoy la tripulación está repartida equitativamente entre ambos géneros. Pero hay otras que sólo contratan a chicas y sólo a chicas que sean guapas y altas. Igual a los dos años las echan a la calle. Ése es un problema contractual que enfrentamos en nuestra profesión. Yo entré, con suerte, en una época muy buena en mi compañía porque al cabo de medio año me hicieron contrato fijo. En otras aerolíneas los auxiliares de vuelo trabajan durante seis meses y luego se pasan seis meses en el paro.

Considerando lo difícil que puede llegar a ser obtener una estabilidad laboral en este ámbito, me resulta incomprensible cómo puede haber personas tan descuidadas que se juegan el puesto de trabajo sólo por alguna irresponsabilidad. Uno de los casos que más recuerdo es el de un compañero que tenía un carácter bastante especial. Estábamos en tierra durante una escala de tres horas en Ámsterdam y varios de nosotros intentábamos dormir en la cabina haciendo tiempo para el siguiente embarque. De pronto, la jefa de cabina frunciendo el ceño, comenzó a olfatear el aire y dijo:

—¿Aquí huele a porro, no?

Resultó ser que al perseguir el aroma de la hierba terminamos llegando a la parte posterior de la cabina donde nos encontramos con el susodicho compañero succionando un cigarrillo de marihuana a las puertas abiertas del avión. Lo más curioso de todo es que lo hacía con toda la tranquilidad del mundo, sabiendo incluso que la jefa de cabina estaba ahí y que le había descubierto con las manos en la masa. Él ni intentó apagarlo ni se inmutó ni nada, simplemente optó por sonreír y continuar aspirando su porro con esa apatía tan característica del fumeta. Lo echaron en el mismo momento. Ni siquiera volvió trabajando, le dijeron que se bajase ahí mismo y le despidieron. Con el tiempo se descubrió que se dedicaba a la profesión más antigua del mundo, pero en versión masculina. Había publicado unas fotografías suyas en una página de Internet vistiendo el uniforme de la compañía, dentro de la cabina de uno de los aviones y mostrando los genitales con un gesto impúdico y desafiante. La verdad es que se le fue la olla al tío.

Otro de estos extraños arrebatos le sucedió a un amigo mío con el que llevaba trabajando desde mis inicios, ya que habíamos ingresado al mismo tiempo. Aparentemente, se había estado llevando muy mal con un comandante de la empresa durante los meses previos al episodio y sucedió que esa tarde, durante un vuelo que nos llevaba de Barcelona a Paris, al finalizar el viaje y desembarcar la totalidad de los pasajeros, el capitán le hizo un comentario demasiado sarcástico y él no lo aguantó.

—Bueno, yo esta noche me iré con mi mujer a Le Grand Véfour. ¿Y tú qué? ¿Llevarás a tu novia al McDonalds? —le soltó haciendo gala de la arrogancia que a veces se les atribuye a los pilotos.

El tripulante, harto de sus mofas, le cogió de las solapas de la chaqueta y le arrojó contra el cristal del *cockpit*, causándole una leve herida en la cabeza que el capitán exageró en su informe, con lo cual la compañía terminó tomando la decisión de poner a mi amigo de patitas en la calle. Y es que por más que te falten al respeto, uno no puede agredir al comandante de esa manera; lo más inteligente habría sido reportar su conducta pero, finalmente, la cuerda se rompió por el lado más débil y mi compañero pasó así a engrosar las filas de los tripulantes en paro.

Pero no es cierto que los pilotos sean siempre estos patanes inaguantables. Hay veces en que gracias a ellos y con una pizca de ingenio a la hora de sortear obstáculos en el aeropuerto, a los tripulantes españoles, en nuestros días libres, nos resulta cosa de simpatía y suerte la posibilidad de montarnos gratuitamente en un avión aquí en la península para bajarnos en un celestial paraje caribeño horas más tarde. Es lo que yo llamaría disfrutar de unas vacaciones *deluxe* relámpago. Esto es lo que se conoce como volar de *extracrew*, lo cual significa que yo cualquier día me puedo subir al avión de otra aerolínea, presentarme ante el comandante mostrando mi licencia de tripulante y mi tarjeta de la compañía, y preguntar si podría llevarme a su destino. Lo más difícil de todo el asunto consiste en llegar al avión, pero si logras escurrirte por los controles de seguridad lo más seguro es que, si hay espacio en la cabina y el comandante es una persona generosa, al final te puedas montar con ellos y termines gozando de un viaje sin billete hacia tu destino escogido. Ha pasado también que no habiendo asientos libres yo igual haya podido viajar en el lavabo o compartiendo trasportín con otra azafata, aunque ésta sea una práctica ilegal. Lo de viajar de *extracrew*, a nosotros sólo nos resulta con otras compañías nacionales, pero hay gente que lo ha intentado con algunas aerolíneas extranjeras obteniendo resultados favorables en varias ocasiones. Siempre ayuda aparecer con una caja de bombones, es un detalle decisivo a veces; nunca sabes si la debilidad por el chocolate de algún capitán pueda acabar ayudándote a alcanzar ese paradisíaco rincón tropical que tanta falta te hace.

Por otro lado, hay que decir que ésta es una profesión que nos afecta mucho, no sólo en nuestra vida privada por la incompatibilidad de horarios con nuestras parejas o amistades, sino también a nivel de la salud. Muchos tripulantes, por las fluctuaciones de presión atmosférica a las que estamos expuestos, podemos sufrir de diversos problemas de salud, entre los cuales podría mencionar los desórdenes vestibulares que causan a la larga problemas de audición y de equilibrio. También está el agotamiento extremo causado por hipoxia o déficit de oxígeno en la sangre. Cuando regresas de volar llegas tan cansado que lo único que puedes hacer es fantasear con tu cama. Si te tomases una cerveza o una copa de vino te emborracharías de inmediato, por eso una azafata recién aterrizada resultaría una cita muy barata. Es complicado eso de andar constantemente bajo los influjos de dichos cambios en la presión; sólo hace falta imaginar cómo es que pueden afectarle a tu cuerpo haciendo una comparación con la manera en que comprimen y expanden el contenido líquido de una botella de plástico al cambiar de altitud el avión. Es común que los tripulantes suframos de hipoxia continuamente dado que volamos con tanta frecuencia, pero ésta suele ser de un carácter ligero. No obstante, en casos más extremos, puede llegar a ser muy peligroso, como durante una descompresión en la cabina porque ocasionaría un estado de euforia que haría casi imposible el reconocimiento de la urgente necesidad de recibir oxígeno.

En los casos más leves, a veces nos pasa que, sin darnos cuenta, de pronto entramos en unos ataques de risa incontrolables. Y a veces, aprovechando esta misma circunstancia son los propios compañeros los que buscan provocártela. Tengo una compañera que siempre me hace reír mucho. Es una mulata muy guapa que tiene unos ojos gigantes y unos labios tan gruesos como salchichas, y cuando se pone a hacer caras es imposible no carcajearse. Un día mientras brindábamos la información de seguridad al pasaje, ella desde el otro lado del pasillo comenzó con las muecas. Yo estaba que me partía, no podía hacer nada al respecto. Guardaba la compostura durante unos segundos mientras demostraba cómo abrochar el cinturón y luego explotaba en una risa infantil que despojaba de toda seriedad a la esencial exposición que hacía. Hubo una mujer que viajaba sentada en una de las filas más cercanas a mi ubicación y que encontró toda la situación bastante divertida. Nos miraba a mí y a la mulata de las muecas y se reía en complicidad con nosotros. Luego, cuando terminamos con la explicación, la pasajera me hizo un guiño coqueto y un gesto para que me acercase. Ella viajaba con un grupo de tres amigas que estarían rondando los cuarenta. Se mostraba muy entusiasmada conmigo, me decía que era muy guapo, preguntaba si estaba soltero y otras cosas por el estilo. Yo me lo tomé con sentido del humor y hasta me sentí halagado, pero luego no se me ocurrió mejor idea que la de anunciar por el altavoz, durante la presentación personal que acostumbramos a hacer los tripulantes en mi compañía, que mi nombre era Alejandro y que estaba soltero y sin compromiso. Bueno, la mujer se puso histérica. Empezó a dar saltos y gritos como adolescente alharaca en el concierto de su cantante favorito.

Cada vez que pasaba por su asiento me tomaba del brazo para darme un beso, me pedía el número de teléfono, me tocaba, me sobaba. Sin vergüenza alguna me cogía de las nalgas y se reía con sus amigas. La verdad es que al final se puso realmente pesada la tía. Uno, en situaciones así, tiene que aprender a lidiar con el pasajero mostrando paciencia y amabilidad, pero no es nada extraño encontrarse en los aviones con gente que va muy salida. Demasiado salida, a veces.

Otros vuelos peculiares son los de Andalucía, por ejemplo. En los vuelos a Bilbao, Bruselas o Ámsterdam te encuentras con un pasaje que sabe volar; llegan al avión, guardan su maleta y se sientan. Por el contrario, en los trayectos andaluces el pasaje está menos educado en las normas a seguir durante un vuelo. Normalmente también suele estar compuesto por personas de mayor edad, entonces te topas con señoras que no encuentran su sitio, o que se ubican en un asiento cualquiera, o que no pueden poner la maleta arriba porque les duele la espalda, o que se hablan a gritos con el marido porque no se escuchan, etcétera. Sin duda, son vuelos singulares y algo caóticos. Me ha sucedido a menudo encontrarme de pronto con uno o dos pasajeros fumando en la cabina como si fuese lo más normal. Y es que como no están mentalizados sobre el peligro inminente de un incendio a bordo, se creen que la prohibición de fumar se impone básicamente para evitar molestias en los demás pasajeros.

A veces, en esos mismos vuelos, nos gusta jugarles ciertas bromas a algunas pasajeras. Durante el embarque, con otra compañera, nos quedamos esperando a que apareciesen por la puerta las señoras más folclóricas y, en el momento en que pasaron por delante de nosotros, comentamos en tono de conversación privada:

—¿Así que viene la Pantoja en este vuelo?

Hay que ver el grito de emoción que pegaron y la reacción en cadena que se montó luego, una vez que se fueron pasando el chisme de unas a otras en la cabina. Para mayor realismo, nosotros hicimos un gesto de confidencialidad mientras nos aproximamos a la cortina divisoria y la cerramos con intensidad dramática. Son monumentales los jolgorios que se arman en el avión. Es la pantomima de la Pantoja, no tiene desperdicio.

Hay una verdad que es irrebatible en lo concerniente al embarque. Es el momento crucial para definir la energía que habrá en cabina durante la totalidad del vuelo. Si las cosas marchan bien, si hay buena química con el pasajero, el vuelo irá fenomenal. Pero en el caso de haber retrasos, bloqueos de maletas o discusiones con el personal de tierra, entonces el vuelo empieza con tensión. Y si hay algo que se puede decir sobre las energías negativas contenidas en un espacio tan cerrado como el de un avión, es que se contagian con mucha facilidad. Entonces, para empezar con el pie derecho, a nosotros en mi compañía nos gusta hacer bromas que generen ese buen rollo en el pasajero y que hagan del vuelo una experiencia agradable.

Recuerdo que en un Paris-Barcelona yo estaba caminando por la cabina repartiendo pegatinas a los niños cuando, de pronto, escuché la voz de mi compañera a través del altavoz anunciando:

—Atención señores pasajeros, me gustaría informarles de que éste será el último día de trabajo de nuestro compañero Alejandro puesto que abandona la compañía para ingresar en la academia de Operación Triunfo. Por favor, quisiera solicitarles un fuerte aplauso para desearle mucha suerte en su nueva aventura.

La gente enloqueció, todos en la cabina se pusieron de pie buscándome con la mirada mientras hacían un barullo ensordecedor. La jacarandosa compañera me señalaba con el dedo para poner al corriente a los pasajeros sobre mi identidad. Hombres y mujeres de todas las edades gritaban que querían tocarme, que querían verme, que cómo me iba a llamar, que cuáles canciones pensaba cantar, y así una gran conmoción durante el resto del vuelo. Yo seguí con el juego porque no quise decepcionar a los pasajeros que ya se habían entregado con fervor a mi supuesta futura celebridad. Acabé el vuelo delante de una fila enorme de pasajeros pidiéndome el autógrafo. Y yo, con un morro que me lo pisaba, firmando: «con mucho cariño, con mucho cariño…»

Otras bromas que hacemos, en ocasiones se las jugamos a las chicas jóvenes que parecen con sus grupos de amigas, todas contentas como volviendo de vacaciones, porque nos damos cuenta de que son la clase de pasajeros que pueden llegar a divertirse con algo así, tomándoselo muy a la ligera y con correa. Cuando llega una de éstas, con alguna compañera, le cogemos la tarjeta de embarque y nos ponemos a revisar con seriedad la lista de pasajeros.

—Ah mira… es ella —comentamos entre nosotros falseando un tono disimulado.

—¿Por qué? ¿Qué pasa?

—Bueno mira, es que ha habido un problema con tu asiento y vamos a tener que pasarte a la primera clase. Tienes que ir al fondo de la cabina y coger el ascensor para subir a la segunda planta, ¿vale?

Las pobres se lo creen siempre y se van para atrás a buscar el bendito ascensor. Al final se matan de risa cuando les contamos la verdad.

Igualmente nos hacemos bromas o tenemos nuestros códigos entre los tripulantes. Como, por ejemplo, cuando tenemos que patrullar la cabina verificando que los pasajeros lleven los cinturones de seguridad bien abrochados. A esto le llamamos ir a chequear cinturones, pero entre los compañeros cuando llega el momento de hacerlo decimos a veces:

—Bueno… me voy a chequear paquetes.

Porque realmente lo que se mira es esa zona. Entonces, había un compañero que antes había estado ligando con un pasajero y ahora se encontraba caminando por el pasillo chequeando paquetes. Cuando llegó a la fila del chico, le pilló con la bragueta abierta y con la verga afuera haciéndose una paja. Como dije antes, viajan muy salidos a veces.

Pero también hay a bordo historias menos libidinosas y más románticas. Me acuerdo de una en particular que parecía haberse inspirado en una de esas películas sentimentales que tanto le gusta producir a Hollywood. Me llamaron de la oficina para decirme que tendríamos en el avión a una pareja de japoneses y que él la pediría en matrimonio durante el vuelo porque le hacía mucha ilusión. Me informaron de que por cuenta de la compañía nosotros le invitaríamos a una botella de champagne y me pidieron que me encargase de coordinar todo con el chico para facilitarle el asunto. En la tripulación había mucha expectativa por el suceso y, revisando la lista de pasajeros, por los nombres pudimos deducir de quiénes se trataba y en qué asientos se ubicarían. Finalmente llegó la pareja, de unos veintidós años, y se acomodaron en sus respectivos asientos. Nosotros nos quedamos a la espera de que el chico nos avisara cómo y cuándo quería hacerlo, pero pasaban los minutos y él ni se inmutaba. Nosotros pasábamos al lado suyo intentando hacerle gestos para que entendiese que estábamos preparados y para ver si de ese modo se animaba a venir, pero el chico permanecía sentado sin mirarnos. Recuerdo que justo en la cabina se estaba emitiendo un capítulo de la serie Friends en el que una de las protagonistas estaba a punto de casarse y se probaba el vestido de novia y todo eso. Parecía una de esas circunstancias que llenan de significado a la casualidad, era perfecto. Pero el chico se lo pasó sentado durante casi la totalidad del vuelo. Tan sólo unos minutos antes de que fuésemos a aterrizar, se armó de valor y vino hacia delante. Le dimos el micrófono y se puso a hablar en japonés algo que, por supuesto, salvo la chica, nadie entendió pero que sonó muy romántico. Ella se levantó de su asiento y comenzó a bajar por el pasillo con las lágrimas de la emoción surcando sus mejillas. Mientras tanto, mi compañera cogió el micrófono y comenzó a narrar la historia a modo de crónica:

—Señores pasajeros, estamos aquí en este vuelo con destino a Madrid y estáis asistiendo a una pedida de mano. En estos momentos Satoshi está pidiendo a Kimiko... veamos si ella acepta o no.

Y entonces la gente en la cabina empezó a prestar atención intrigada por el evento tan especial. Kimiko llegó a los brazos de su amado y se besaron apasionadamente. Luego Satoshi se puso de rodillas y sacó el anillo. Todo el mundo aplaudió, fue muy bonito. Bueno, tampoco fue una ovación enloquecida porque como en ese vuelo acostumbran a viajar muchos ejecutivos que hacen el puente aéreo, la mayoría de ellos sacó la vista del ordenador por unos segundos, aplaudieron dos o tres veces quizás, y con las mismas retornaron a sus asuntos más importantes. Pero si esto llega a pasar en un vuelo a Sevilla, seguro se cae el avión.

Raquel, 28 años

Hace un año que dejó de volar para dedicarse a trabajar como personal de tierra en el aeropuerto de El Prat. Tiene en su haber ocho años de experiencia repartidas entre dos aerolíneas de vuelos charter. Empezó como auxiliar de vuelo, luego fue jefa de cabina en ambas compañías, y finalmente llegó a ser supervisora para toda la zona de Barcelona. Esta azafata valenciana es de las que creen que los tripulantes que ingresan al mundo de la aviación comercial hoy en día son muy diferentes a los de su propia generación diez años atrás. Les califica de ser más caraduras y de tener menos vocación de servicio.

En todos los años que llevo trabajando como auxiliar de vuelo no podría decir que me hayan sucedido demasiadas cosas extravagantes o descabelladas. En ese sentido creo que mis vuelos han sido bastante aburridos, salvo algunas experiencias de riesgo que pudieron terminar con una tragedia irreparable pero que felizmente no pasaron de un susto. Recuerdo que hace dos años, durante un vuelo de Barcelona a Santiago de Compostela, se dio una de las emergencias más graves de la historia de mi aerolínea. Puede ser que en todo el mundo haya en la atmósfera unas cuatro o cinco bolas de aire caliente, y nosotros entramos en una de ellas. De golpe el avión perdió sustentación y comenzamos a caer en picado. La caída habría durado alrededor de un minuto que se hizo eterno mientras nos dirigíamos verticalmente hacia el suelo. La peor parte se la llevó una compañera que terminó desmayada. En los momentos previos, justo nos encontrábamos preparando el servicio en el *galley*, por lo cual estábamos sacando los *trolleys* para hacer el recorrido por los pasillos. Entonces, en el instante en que el avión se desplomó, los carros salieron volando por los aires y uno de ellos, que puede llegar a pesar más de cien kilos, le cayó violentamente en la cabeza a mi compañera dejándola inconsciente y ensangrentada sobre el suelo. La mayoría de los pasajeros no se hizo daño porque llevaban los cinturones de seguridad abrochados pero sí recuerdo haber visto volar por la cabina también a un niño pequeño al que por suerte no le pasó nada porque otro pasajero tuvo la agilidad para cogerle antes de que se golpease con algo. Finalmente, cuando salimos de la bola y recuperamos la sustentación pudimos ir a socorrer a nuestra compañera que se encontraba desfallecida en el suelo de la cabina. Por la cantidad de sangre que emanaba de sus heridas con la cabeza bañada en sangre, llegamos a temer incluso que hubiera muerto. Al final no pasó a mayores, ella sólo tuvo que ir al hospital a que le pusieran puntos y a la semana del suceso ya estaba volando nuevamente. Pero vaya susto el que nos pegamos todos.

Otro tipo de miedos son los que causaron, en la época inmediata al atentado en las Torres Gemelas de Nueva York, una especie de estado generalizado de paranoia entre los pasajeros. Me acuerdo que era muy común ver a la gente subirse al avión con el pánico trasluciéndose en sus rostros mientras observaban con recelo a cualquier pasajero que tuviese hasta la más sutil pinta de árabe. Hubo un vuelo que tuvimos que retrasar por más de cinco horas a causa de la presencia de un par de hombres de origen árabe en la cabina. El pasaje estaba muy exaltado demandando que los bajásemos del avión y reclamando que el comandante pusiese las cosas en orden. Luego, al ver que sería imposible bajarles, se pusieron de acuerdo para exigir que revisásemos sus equipajes. Los pasajeros estaban encantados con el retraso, lo único que querían era cerciorarse de que éstos no representaban ningún peligro para su seguridad. Tuvimos que sacar todo el equipaje de la bodega, ponerlo en la pista y hacer que cada uno de los pasajeros reconociese su maleta uno por uno. Hubo mucha fobia y mucho prejuicio en los meses posteriores a los ataques terroristas. Finalmente, cuando todos pudieron ver que no existía amenaza alguna, se conformaron y empezaron a embarcarse nuevamente. Los dos árabes también subieron a bordo. Con mucha tranquilidad supieron asumir y comprender una situación que a todas luces podía ser de lo más incómoda, especialmente para quien es la víctima del prejuicio y la animadversión de una masa enardecida.

Pero hay ocasiones en las que el pasajero que levanta las suspicacias algo de culpa también tiene. Como me sucedió en un vuelo que venía de Ámsterdam. Una mujer se me acercó para informarme de que al lado suyo había un pasajero muy sospechoso que llevaba encima algo que parecía droga. Cuando me acerqué a su asiento pude ver que tenía un bolso abierto dentro del cual se podían ver unos tallos y unos manojos de hierbas que expedían un aroma intenso. Le pregunté al pasajero de qué se trataba aquello y me respondió muy tranquilo que eran unas plantas que había comprado en una herboristería china para hacerse unas infusiones medicinales. Yo en mi vida había visto algo similar pero como sabía que mi compañero había vivido en Holanda durante muchos años, imaginé que podría ser él una voz más experta para determinar si aquello que llevaba el hombre era una planta medicinal o una planta psicotrópica. Al cabo de un rato, regresó mi compañero con cara de pocos amigos y portando una bolsa en la mano. Me contó que no había podido descifrar la naturaleza de las hierbas pero que había terminado discutiendo con el pasajero porque éste se negaba a colaborar y se había comportado en plan prepotente, así que decidió decomisarle el material. Al final del vuelo, ya cuando habían terminado de salir los últimos pasajeros, el tipo de las hierbas regresó a la cabina y dijo riéndose:

—¡Pues sí que es droga! Así que jodánse ustedes porque yo no me quiero meter en problemas.

Nosotros nos quedamos de piedra con el anuncio del sujeto y, sin saber qué hacer con el material incautado, al final optamos por eliminar las pruebas del delito echándolas por el retrete. No fuese a ocurrir que terminásemos con un traje a rayas por tráfico de estupefacientes.

Andrea, 27 años

Esta catalana morena primero trabajó como personal de tierra en el aeropuerto de El Prat. Más adelante logro un puesto de tripulante de cabina en una aerolínea de bajo coste. No tiene pareja debido a las dificultades de compaginar los horarios pero si manifiesta un gran apego por su profesión

Trabajando en los últimos años como personal de tierra en el aeropuerto de Barcelona y como auxiliar de vuelo, me he encontrado con todo tipo de situaciones relacionadas con pasajeros que pierden los nervios cuando algo sale mal. Por ejemplo, las situaciones de *overbooking*, motivadas por el exceso de venta de billetes, suelen ser las que generan las más álgidas reacciones por los retrasos que provocan en la salida de los vuelos. Ésta es una situación que se ha ido regularizando con el tiempo pero, aún así, son muchas las anécdotas de asientos asignados a dos personas diferentes en un mismo vuelo. Recuerdo el caos que se armó en una ocasión durante un vuelo de la ciudad condal a Santiago de Compostela. Un pasajero se presentó en el mostrador de facturación con el billete que había comprado, pero cuando la compañera que le atendió vio su descomunal tamaño —pesaba más de 130 kilos—, le recomendó que pagase el asiento contiguo dada la estrechez de los mismos en aquel avión. El pasajero, indignado, desembolsó el sobrecosto del billete sin recibir la advertencia de que la clase turista en ese vuelo iba totalmente ocupada. Por las dificultades que tenía para caminar se le invitó a subir a la cabina del avión al finalizar el embarque del resto de los viajeros. Cuando le acompañamos a sus dos asientos se encontró con que había otra persona ocupando uno de sus sitios. El tipo se puso furioso al comprobar que le habían obligado a pagar un billete extra y que al mismo tiempo la compañía había asignado uno de sus asientos a otro pasajero. Dado el volumen de su cuerpo, el hombre no cabía en su asiento pero por fortuna había un asiento libre, más ancho, en primera clase por lo cual el obeso pasajero tuvo la suerte de viajar a Galicia con todo el lujo y las comodidades del caso.

Recientemente he leído sobre otro caso similar en el que a Air France se le condenó a pagar una indemnización de ocho mil euros por los daños morales que le ocasionaron a un pasajero francés cuando le obligaron a gastar el precio de un segundo asiento debido a su sobrepeso. Por mandato del tribunal, el pasajero de 170 kilos recibió también la devolución de los quinientos euros que desembolsó por el plus de obesidad que según la aerolínea debía abonar a causa de la saturación del vuelo.

Más surrealista es la demanda que interpuso un pasajero contra una compañía aérea de bajo coste por haber tenido que viajar en el retrete del baño durante las tres horas que duró el vuelo. Por recomendación de una asociación de defensa del consumidor el pasajero solicitó una indemnización de 1,3 millones de euros. Resulta ser que el individuo se presentó en el aeropuerto con un billete conocido como *buddy pass* (billete de amigo), que es un pasaje especial que las aerolíneas ofrecen a sus empleados con un importante descuento y que luego muchos venden o regalan a sus familiares o amigos. La mayoría de las veces son billetes que exigen presentarse en el mostrador de facturación con muchas horas de antelación y supeditarse a la lista de espera. Cuando el pasajero logró subir a bordo le acomodaron inicialmente en unos de los trasportines y como era consciente de las características de su billete no hizo el menor reclamo por la ubicación que le asignaron. Al cabo de un rato, el comandante se le acercó y le informó de que había una azafata que no tenía asiento, y como es imperativo que la tripulación vaya sentada durante las operaciones de despegue y aterrizaje le invitó a levantarse y ocupar un nuevo asiento... en el retrete del avión.

El argumento que recibió fue que la azafata estaba incómoda en la cabina de mando y que prefería sentarse en el asiento que le correspondía. Parecía una broma de mal gusto pero todo era muy serio. Cuando el sorprendido pasajero intentó razonar con la tripulación y exigió sentarse en el *cockpit*, el comandante le hizo saber que aquel espacio sólo podía ser utilizado por el personal de la compañía. El razonamiento fue todavía más contundente cuando el capitán le manifestó que aquél era su avión y que ya podía estar agradecido de que le hubiese dejado subir en primera instancia. En su demanda, el pasajero declaró haberse sentido humillado y haber sufrido un trauma emocional y psicológico por el trato al que fue sometido. Al aterrizar en el aeropuerto, el piloto le esperaba en la escalerilla del avión y cuando el pasajero comenzaba a descender las escaleras para subir al autobús, el comandante le guiñó el ojo y con un tono sarcástico le dijo:

—Eh amigo, no pongas esa cara. ¡Al menos te lleve a casa!

También recuerdo haber escuchado entre los comentarios de mis compañeros sobre historias que más parecen leyendas pero que muchos aseguran realmente pasaron. Están relacionadas con descuidos que tienen los pilotos al dirigirse a los pasajeros.

—Señoras y señores pasajeros, les habla el comandante. Les doy la bienvenida al vuelo 746 con destino a Bilbao. Mi nombre es... Ah, Ay, ¡Dios mío! ¡Joder! ¡Me cago en la puta!

Los pasajeros del vuelo se quedaron atónitos y comenzaron a mostrarse inquietos por el abrupto y misterioso mensaje del piloto.

—¡¡Mierdaaaaa!! —se escuchó desde la cabina seguido de un estruendoso ruido—: ¡Plash, crack, pum, paf!

A partir de ese instante no se escuchó nada más. Los pasajeros empezaron a gritar imaginando el peor escenario, mientras que las azafatas también nerviosas intentaban apaciguar los ánimos en la cabina. Unos segundos más tarde se escuchó de nuevo la voz del capitán excusándose por el incidente:

—Señores pasajeros, ruego me disculpen por el susto causado. Se me ha volcado sobre los pantalones la bandeja con el café y no pueden ustedes imaginar lo ardiente que estaba.

Mientras intentaba congraciarse con el pasaje, uno de los presentes en la cabina se levantó de su asiento y le espetó:

—¡Capullo, no imaginas tú lo cagado que llevo el calzoncillo ahora!

Otra historia que me viene a la memoria es la de un vuelo transoceánico de una aerolínea inglesa que llevaba a más de cuatrocientos pasajeros a bordo. Cuando la aeronave se encontraba en la altitud de crucero, el comandante se dirigió al pasaje con el acostumbrado mensaje de bienvenida sólo para olvidar, una vez terminada su alocución, apagar el micrófono. Dirigiéndose al primer oficial, soltó:

—Pongo el piloto automático, voy a cagar y me follo a Laura, la azafata de primera clase.

Aquellas palabras resonaron en la cabina de pasajeros ante la carcajada de unos y el enfado de otros. La auxiliar de vuelo afectada, ruborizada de la vergüenza y enfurecida por la falta de respeto, lanzó los periódicos que llevaba en la mano, se dio media vuelta y se dirigió a toda velocidad hacia el *cockpit* a increpar al piloto por tamaña grosería. Una mujer se puso en pie bloqueando su paso y gritando le dijo:

—¿A dónde vas puta? ¡Al menos deja que cague primero!

2
LA VOZ DE LA EXPERIENCIA

Ángela, 58 años

Empezó a volar a los diecinueve años en la aerolínea de bandera de su país a la cual dedicó casi treinta años de su vida. Cuando decidió entrar en la escuela para formarse como tripulante de cabina su padre le quitó el habla. Dice que no era un trabajo que estuviese muy bien visto a finales de los sesenta.

Dos años después de haberlos iniciado decidí dejar mis estudios universitarios y, sin saber qué hacer con mi vida, empecé a contemplar la opción de introducirme en el mundo del secretariado, pero entonces una amiga me comentó sobre su ingreso en la escuela de azafatas de vuelo y, ante la perspectiva de una vida tan glamorosa y llena de aventuras, me decidí a inclinarme por esta profesión que tantas alegrías me prodigó y en la que aprendí más de lo que nunca hubiera imaginado. Mi padre optó por dejar de hablarme e incluso me despojó del coche que me había regalado poco tiempo atrás. En ese entonces no era un oficio que estuviese muy bien valorado para las chicas, existía la preconcepción de que aquellas que trabajaban en dicho sector eran mujeres que gozaban de vidas demasiado liberales, por decirlo de algún modo. Luego de pasar tres meses recibiendo el curso formativo en la escuela, ingresé en una aerolínea cuyos propietarios ostentaban gran prestigio y, a pesar de ser una empresa joven, ésta se había granjeado una reputación de primera categoría, además de tener un historial sin accidentes en su haber, aviones modernos y un servicio a bordo de lujo. Amén de todo esto, si bien la compañía se caracterizó por contratar a chicas jóvenes de buena familia, hubo algunos casos de tripulantes que se iban de juerga, que no aparecían en el hotel a la hora de partir al aeropuerto, entre otras irresponsabilidades, y creo que este tipo de historias fueron las que empezaron a estropear la imagen de la profesión. Supongo que también nos jugaba en contra la idea que existía en el imaginario colectivo de que hubiera chicas adolescentes rondando por el mundo, viviendo aventuras sin ningún tipo de control paternal, con grandes salarios y toda clase de ofertas culturales y sociales a nuestra disposición.

Podría decir que en mi primer vuelo como tripulante aprendí mucho más que en los dos años que estuve en la universidad. La sola experiencia de mezclarte con otras culturas, de conocer *in situ* los lugares físicos donde se escribieron las páginas de la historia de la civilización, ese tipo de aprendizaje práctico puede llegar a ser mucho más valioso y didáctico que el que se adquiere a través de lecturas y charlas en un salón de clases. Recuerdo que en mi vuelo inaugural como azafata tuve la oportunidad de conocer a una comunidad de la que ni siquiera había oído hablar antes; eran un grupo de agricultores bolivianos descendientes de los Menonitas originales de la región de Prusia. Luego de muchos flujos migratorios que les llevaron por diferentes latitudes europeas y norteamericanas algunos grupos terminaron asentándose en los países de América Latina, sobre todo los que emprendieron el último éxodo provenientes de la Rusia estalinista. Estos bolivianos parecían cualquier cosa menos bolivianos, eran de baja estatura pero tenían la piel rosada y cabelleras rubias, y se comunicaban entre ellos en alemán. Conversando con uno de los pocos que se animó a contarme su historia, ya que suelen ser muy reservados y endogámicos, aprendí sobre sus antecedentes y sobre su estilo de vida. Este simpático menonita me contó que sus antepasados habían llegado a Bolivia a principios del siglo XX, y que fundamentalmente llevaban una vida ascética, rudimentaria, basada en una devota fe cristiana, alejada de los progresos de la modernidad, como la electricidad o los medios de locomoción, y que principalmente se dedicaban a la labranza de la tierra. Me extrañó entonces, aunque no se lo pregunté, el que hubieran decidido montarse en un avión para viajar cuando su filosofía de vida se opone a ese tipo de ventajas modernas. Pero en este primer vuelo tuve una interesante lección de historia y de cultura que me dejó fascinada, a pesar de que la cabina se hubiese inundado de un aire casi irrespirable debido al olor especial que desprendían estos humildes campesinos.

En esos tiempos, recuerdo que mis amigas observaban mi estilo de vida con envidia porque el trabajo, a pesar de ser duro, nos permitía gozar de mucho tiempo libre también. De treinta y cinco días que duraba nuestro recorrido trabajábamos solamente cinco. Por ejemplo, salíamos de Lima hacia Caracas y nos quedábamos cuatro noches. Luego continuábamos viaje a Madrid y nos daban una semana libre en la ciudad. Después, en una mañana volábamos a Paris y a Londres para retornar esa misma noche a la capital española, y nos quedábamos nueve días más disfrutando de la ciudad, haciendo compras, asistiendo a espectáculos, comiendo en restaurantes de alta cocina, etcétera. Nos alojábamos en hoteles de lujo y todo el personal nos conocía ya, tratándonos con mucha amabilidad y cercanía. Era una buena vida, no lo puedo negar. Nos contrataban para volar pero en consecuencia teníamos el mundo a nuestros pies, con un muy buen sueldo, además de los viáticos y todo pagado para beneficiarnos de los mejores servicios por donde sea que fuésemos. Claro, mis amigas se pensaban que yo vivía en unas vacaciones permanentes, pero no consideraban que eso significaba también perderme de muchos eventos, como los cumpleaños de seres queridos y las festividades con la familia. Como todo trabajo, tenía sus pros y sus contras, aunque en este caso, yo diría que los beneficios eran bastante más apetecibles y favorables, sobre todo si se considera que yo pretendía dedicarme al oficio durante unos pocos años. El tema es que a la larga te quedas atrapada en el estilo de vida y unos pocos años se terminan convirtiendo en veinte o treinta, y ahí sí que te pierdes de mucho. Te vuelves una gitana. Glamorosa, pero algo solitaria.

Cuando la compañía en la que yo había hecho mis pinitos como azafata cerró me incorporé a una aerolínea de bandera estatal integrada en el consorcio de empresas públicas. Algunos de los aviones que integraban la flota no estaban en el mejor de los estados y recuerdo que en un vuelo a Estados Unidos hubo un problema con el radar que simplemente dejó de funcionar en pleno vuelo. Los pilotos, que en términos generales temían hacer frente a la dirección, optaron por continuar viaje haciendo un vuelo visual, a lo cual yo, como sobrecargo, me opuse rotundamente aduciendo que era una barbaridad poner en peligro a cientos de pasajeros y a la tripulación por errores técnicos que debían reportarse y contra las cuales había que protestar. Cuando hicimos escala en México yo decidí bajarme y no continuar con el recorrido, lo cual, posteriormente, hizo que la empresa concluyera que yo me había amotinado. A los inocentes pasajeros, por falta de recursos, les abandonaron a su suerte pasando la noche sentados en la cabina del avión. Esa misma noche, el capitán vino a mi habitación del hotel a confesarme que sospechaba que la compañía hacía volar aeronaves con desperfectos y a decirme que estaba de acuerdo conmigo en la decisión que había tomado. Pactamos, entonces, cancelar el vuelo y pasar un informe detallado con todo lo que funcionaba mal en las aeronaves de la compañía pero, para sorpresa mía, a la mañana siguiente el comandante se había marchado y se había llevado consigo el avión, a todos los pasajeros y el malogrado radar. El gerente de la estación de México me embarcó en otra aerolínea para volver regresar a mi destino, y a mi llegada me encontré con que me estaban despidiendo por una ausencia de tres días, lo cual era una excusa que camuflaba algo peor que ellos concebían como una insubordinación.

También recuerdo con una sonrisa tantas cosas graciosas que sucedieron a bordo durante mis años de azafata. Como aquella ocurrencia de un joven tripulante que recientemente se había incorporado a la aerolínea y, a falta de mayor conocimiento y con muy poca vergüenza, fue donde el comandante a pocos minutos del aterrizaje y le dijo:

—Capitán, capitán, ¿usted cree que podría darse una vueltecita más, por favor? Es que todavía no hemos terminado con el servicio.

O aquella vez en que tuve a un pasajero distinguido que viajaba desde Alemania para dar una conferencia importante en Lima y que al beber un poco más de la cuenta se sintió mal y acabó en el lavabo devolviendo todo el alcohol ingerido, toda la cena… ¡y sus dientes! Salió desesperado del baño urgiendo a la tripulación a que rebuscáramos en los contenedores de la basura por una dentadura postiza que se le había escapado de la boca escurriéndose por el inodoro durante su regurgitación. Claro que a nadie en su sano juicio se le ocurriría meter la mano en aquellos depósitos fecales y urinarios y me gustaría pensar que este señor, luego de reflexionarlo detenidamente, tampoco cometería la locura de volver a ponerse en la boca algo que hubiese estado sumergido en tales sustancias, por más que tuviera la intención de desinfectarlo hasta la saciedad.

También hubo un vuelo en el que viajaba en la cabina una cantidad de niños más elevada que la de costumbre, destacando, muy a mi pesar, un grupo de veinte chiquillos de entre cinco y ocho años. Por gracia diabólica, todos al mismo tiempo empezaron a comportarse como si les hubieran proporcionado dosis monumentales de azúcar. Los gritos, los llantos, los correteos por los pasillos: un caos insoportable. La situación degeneró a tal punto que terminó por colmarme la paciencia. Entonces me acerqué a mi compañero y le dije en tono sarcástico:

—Por favor, ¿puedes llamar a Herodes? —haciendo una cáustica alusión a la matanza de los niños de Belén que llevó a cabo el Rey de Judea hace más de dos mil años.

Casi se me cae la cara de la risa cuando escuché por el altavoz el mensaje de mi ingenuo compañero solicitando:

—Señor Herodes, señor Herodes, por favor, ¿podría tocar su timbre de llamada?

Y a veces ciertos malentendidos también nos arrancan risas interminables, como cuando una compañera, mientras ofrecíamos en primera clase la bebida de bienvenida, recibió un pedido bastante común por parte de un pasajero:

—¿Tienes *scotch*? —refiriéndose al clásico whisky escocés.

Y como el nombre de la marca de la cinta adhesiva se ha generalizado tanto hasta el punto de llamarle directamente por su nombre, mi compañera le respondió con absoluta confianza y mucha cordialidad:

—No tengo Scotch pero ¿le sirve un *celo*?

Por mi parte, dejé de volar a principios de los noventa y me dediqué a cuidar de mi familia. Entre los aspectos que puedo rescatar más de la profesión que me llevó a pasear por los cielos del mundo, resaltaría las amistades que hice con mis compañeras, una de las cuales, incluso, se convirtió en madrina de mi primera hija, gesto que ella retribuyó nombrándome también madrina de la suya. En aquel entonces los vínculos de amistad entre las azafatas eran muy sólidos porque el número total de tripulantes trabajando para la compañía no era tan grande como lo es hoy en día en las aerolíneas de más envergadura, donde llegan a rebasar los treinta mil, permitiendo otrora que nos tocara viajar juntas con mayor asiduidad y que, gracias a dicha convivencia, pudiéramos compartir experiencias únicas y privilegiadas alrededor del planeta.

Marta, 49 años

Esta guapa mujer, independiente y profesional, se ha paseado por los cielos del mundo durante casi treinta años. Empezó como tripulante de cabina, luego pasó a ser sobrecargo, después instructora y, finalmente, ejerció el puesto de supervisora hasta su retiro. Es de las que piensan que trabajar en la industria de la aviación comercial tenía antes una mística que hoy en día se ha perdido por la masificación y despersonalización a la que ha sido sometida la experiencia de volar.

Al cumplir los dieciocho, me presenté como candidata para el puesto de azafata en una compañía porque escuché en la radio que solicitaban chicas que hablaran inglés y francés para volar la ruta a Europa que recientemente habían inaugurado. Como los trabajadores de la universidad en la que yo estudiaba habían declarado una huelga indefinida, consideré que sería una oportunidad inmejorable para aprovechar mi tiempo viajando y conociendo el mundo. Mi idea inicial fue trabajar como auxiliar de vuelo sólo durante seis meses, que era el tiempo que se estimaba duraría la interrupción académica, y fue este argumento el que utilicé para convencer a mis padres quienes se oponían a mi iniciativa dados los prejuicios existentes en aquella época contra la profesión. En realidad, mi madre, una mujer de pensamiento más vanguardista, me animaba; pero mi padre, sumido en la preocupación machista por la imagen que de mí se formaría en el ojo ajeno, se negaba categóricamente. En la mentalidad cerrada de esos años se pensaba que las azafatas, fuera de casa, daban rienda suelta a sus pasiones más bajas para rebelarse contra las imposiciones que la sociedad conservadora les imponía. Entre otras cosas, se imaginaba que las tripulantes mantenían aventuras amorosas con los pilotos o con hombres extranjeros en las ciudades de destino. Mi padre, protector indesmayable, pensaba que podía relajarme demasiado y que cabría la posibilidad de que algo malo me sucediese. Al final le convencí con el argumento de que lo haría sólo durante el semestre de paro universitario y añadiendo la tentadora oferta de que ellos también gozarían de los viajes que la aerolínea nos concedía como parte del acuerdo contractual. Sin planearlo, aquellos dichosos seis meses se convirtieron en treinta largos años plagados de fascinantes experiencias que no cambiaría por nada del mundo.

Pero volviendo al tema de las ideas preconcebidas, está claro que había chicas que aprovechaban sus viajes para irse de fiesta hasta altas horas de la madrugada y hacer lo que mejor les viniese en gana, pero los prejuicios de libertinaje no tenían porqué generalizarse tampoco. La forma en que una llevara su vida dependía de cada persona. Había gente muy sana, también, que aprovechaba sus viajes para hacer turismo y culturizarse. En fin, que los estereotipos de promiscuidad existentes alrededor de la vida de la azafata bien podrían aplicarse a muchas otras profesiones dado que las actividades de índole sexual, inherentes a nuestra condición humana y no sólo exclusivas a una línea de trabajo, suceden en todos los ámbitos laborales, desde la oficina hasta el hospital, pasando por bancos, bolsas bursátiles, fábricas y hoteles.

La aerolínea en la que me inicié como auxiliar de vuelo contrataba a su tripulación técnica en los Estados Unidos. Pilotos, copilotos e incluso ingenieros aeronáuticos, eran todos norteamericanos. Y algunas de las tripulantes, encandiladas por el garbo que exhibían los foráneos, caían rendidas a sus pies. Las hubo quienes mantuvieron amoríos pasajeros (nunca mejor dicho), como también las hubo quienes terminaron casándose y mudándose a buscar el sueño americano en las tierras del Tío Sam. Recuerdo, para sorpresa mía, que un día la jefa de cabina, que tenía unos veintiocho años, me dijo en el hotel que se iba de paseo a otra ciudad para volver nuevamente en la fecha en que estaba programado el vuelo de regreso. Me enteré de que partía con el comandante, y a mí, ilusa adolescente, ni se me cruzaba por la cabeza la posibilidad de hacer algo semejante. Algunas compañeras atravesaban a hurtadillas los pasillos del hotel para meterse en las habitaciones de sus novios. Pero años después, cuando la compañía decidió contratar también a hombres como tripulantes de cabina, las parejas en el trabajo se empezaron a formar con mayor facilidad y ya a ninguna se le ocurría tener que esconderse para gozar de sus escarceos amorosos, fuesen estos de los efímeros o de los que acabarían transformándose en relaciones serias y duraderas.

Debo reconocer que el trabajo de tripulante de cabina es fascinante. La vida que me ofreció, tanto a nivel profesional como personal, me tuvo cautivada durante años, y además de los evidentes beneficios de poder recorrer lugares interesantes, conocer culturas y costumbres diferentes, a mí personalmente me sirvió para madurar y enriquecerme de un modo acelerado y progresivo. Si tuviera que hacer hincapié en alguno de los aspectos del aprendizaje que asimilé durante mi tiempo como azafata del que más provecho haya sacado para mi vida personal, tendría que mencionar los cursos de formación y entrenamiento a los que nos sometían constantemente en la aerolínea. Recibíamos instrucción para enfrentar todo tipo de situaciones de riesgo relacionadas al vuelo, tales como evacuación de pasajeros, uso de toboganes de emergencia y botes salvavidas, extinción de incendios a bordo, primeros auxilios (reanimación cardiopulmonar y utilización de desfibriladores), procedimientos a seguir durante la despresurización de la cabina, amerizajes y aterrizajes de emergencia, administración de recursos en cabina, protocolos de seguridad a bordo, y cursos de supervivencia en la jungla, en el océano, en el desierto, y en la nieve, entre otras cosas.

Pero, en definitiva, una de las cosas sobre las que más me gustó aprender y que mejor pude aplicar en mi vida privada, fue todo el tema del servicio de etiqueta que teníamos que brindar en la cabina de primera clase. En aquel tiempo se le conocía como el servicio francés y, en su totalidad, dado el elevado nivel de atención que se brindaba, podía llegar a durar casi tres horas. Consistía en una serie de pasos que debían seguirse de un modo estricto y con mucha sofisticación. Se recibía a los viajantes con un cóctel de bienvenida, luego de lo cual se montaba cada mesa individualmente extendiendo un mantel de tela blanca y colocando toda la cubertería de plata que era necesaria: tenedor para los canapés, tenedor para los *hors d´oeuvres* o entrantes, cuchara para el consomé y más cubiertos para algunos otros entremeses. También había que colocar las copas de agua, de vino, de champagne, platillos para el pan y los mantequilleros, servilletas de tela, entre otros elementos. A continuación, pasábamos el carro de comida caliente, cuyo plato fuerte por lo general solía ser un solomillo entero que nosotras debíamos preparar a bordo en el momento. Aunque nos llegaba precocido, era nuestra labor vigilar que la carne no se cocinara demasiado y, luego, debíamos ofrecerla en la cabina de primera clase llevándola sobre el *trolley* de comida caliente para cortar los trozos a servir delante de cada pasajero. Nos enseñaron sobre coctelería, a servir el caviar, a cortar el paté, la temperatura a la cual mantener los vinos blancos y cómo servirlos, la presentación de los platos soperos, las decoraciones de cada platillo, etcétera. Para finalizar se pasaba el carro de los postres y luego los bajativos, entre los cuales ofrecíamos licores como el Jerez o algún otro tipo de Brandy.

Todo este adiestramiento en el arte de la etiqueta me ayudó, personalmente, a sentirme más refinada, a ser una mejor anfitriona en casa cuando ofrecía cenas a mis amigos y les deslumbraba con toda la galantería de una gastronomía y un servicio de alta categoría. Pero la verdad es que estar en el avión era para mí como estar en casa, era mi dominio y, nosotras, las azafatas, éramos las reinas de ese territorio. No hace falta decir que para dedicarte a esta profesión creo que es muy importante tener una gran vocación de servicio. Fundamentalmente, nuestra razón de ser en el trabajo son los pasajeros, a quienes nos debemos enteramente para brindarles máxima seguridad y la mejor atención posible. Ésta era una misión que nos repetían los instructores constantemente, algo que debíamos tener siempre como primer objetivo. En aquel entonces los vuelos eran más largos y los imprevistos que pudieran surgir al hacer el *check-in* de los pasajeros, las colas eternas para abordar el avión, los retrasos, los malentendidos o las discusiones entre el pasajero y el empleado de tierra, a todo esto debíamos hacer frente con una sonrisa amable y la actitud más positiva para aliviar el estrés o el mal humor con el que subieran a bordo los pasajeros; finalmente éramos nosotras quienes dábamos la cara y de nosotros dependía que ellos se llevaran la mejor imagen de la compañía. Nada más subir al avión les recibíamos con un cóctel de bienvenida e instantáneamente les cambiaba el rostro, les hacíamos sentir acogidos, especiales, nos ganábamos al pasajero. Era un reto para mí conquistar a un pasajero que subía al avión amargado por algún problema causado en la antesala. Si al final del vuelo nos agradecía con una sonrisa sincera, eso a mí me hacía el día. Ésa es una de las cosas más hermosas de este oficio, que el reconocimiento por una buena labor es inmediato. Por eso nos machacaban la idea de que la calidad de nuestro servicio era fundamental para mantener y mejorar la imagen de la empresa.

Me viene a la memoria cómo uno de los jefes del departamento de Recursos Humanos, con quien tuve el agrado de trabajar, tenía una forma peculiar de transmitir sus enseñanzas a los tripulantes que estaban en plena formación. Su método consistía en mostrar una parte de la película *El fantasma de la ópera*, una escena en la que los amantes Christine y Raoul, en plena función teatral, cantaban expresando su amor mutuo sobre el tablado embelesando al público, enamorándolos. Ésta era, según él, la forma en que la tripulación de cabina debía abordar el trabajo: siendo serviciales, eficientes y desbordando mucha simpatía, con el objetivo de encandilar a los pasajeros para que tuviesen el vuelo más cómodo y placentero posible. Por ejemplo, de noche, cuando iba por la cabina patrullando con la linterna, si me encontraba con un pasajero que estuviese despierto leyendo un libro, iba al *galley* para traer una vaso con agua sin que me lo pidiesen primero y siempre me lo aceptaban con un gesto de sorpresa y agradecimiento. Otras veces traía una manta, o si me encontraba una almohada caída en el suelo la recogía para acomodarles mejor. Algunos pasajeros viajan asustados o se sienten avergonzados de tocar el timbre, entonces era misión nuestra patrullar la cabina mirando siempre a los ojos del pasajero, para darles ese permiso, esa anuencia que necesitan para solicitar o preguntar algo.

Antes viajar en avión era todo un lujo, tenía un significado especial, no era algo tan accesible como lo es hoy en día. Existía una mística particular en el mundo de la aviación comercial. Cuando una persona se compraba su pasaje para viajar a otro continente u otro país, esperaba que hasta el más mínimo detalle construyese una experiencia extraordinaria e incomparable. Tan sólo montarse en un avión le confería cierta importancia a aquel pasajero que con gran esfuerzo se pagaba sus vacaciones, entonces había la expectativa de que las tripulantes fuésemos regias, que fuésemos las anfitrionas perfectas. Con los años, el carácter exclusivo del viaje aéreo se ha perdido, ahora se ha vuelto mucho más asequible para la gente por la proliferación de las aerolíneas de bajo coste, entre otras cosas, y asimismo creo que los profesionales de la aviación ya no hacen gala de la vocación de servicio que destacaba como factor común entre los tripulantes de antaño. Diría que esa mística ha dejado de existir, que actualmente quienes se deciden a ingresar en esta profesión los hacen más por razones personales, por los beneficios económicos. Incluso es algo que he comprobado con el correr del tiempo, cuando me ha tocado viajar como pasajera, que me suelo encontrar con tripulantes malhumorados que escatiman hasta en brindar una simple sonrisa. No quisiera generalizar, estoy segura de que aún hay azafatas muy profesionales y cordiales, pero sí creo que, en una gran proporción, el descenso en la calidad de la atención al cliente ha sido notorio de un tiempo a esta parte. Ahora básicamente la función del auxiliar de vuelo está enfocada hacia el tema de la seguridad. Nosotras también teníamos ese entrenamiento, pero creo que en mi época se daba más prioridad al tema del servicio.

Entre algunas de las funciones que debemos cumplir se requiere de nosotras que, con gran diligencia, funjamos de psicólogas, para lidiar con los problemas de algunos pasajeros; de policías, para preservar el orden en la cabina; de banqueras, para manejar las transacciones monetarias del *duty free* a bordo; de camareras, para servir las comidas y bebidas al pasaje; e incluso de canguros, para cuidar a los niños que viajan sin supervisión de algún adulto. Aunque no parezca algo que suceda frecuentemente, hay muchos pasajeros que necesitan exteriorizar sus problemas cuando suben a un avión, ya sea por los temores que les ocasiona volar, o por los motivos que les obligan a realizar el viaje, entre otras razones. Por ejemplo, en el papel de psicóloga, recuerdo más de una ocasión en que subieran personas a bordo llorando porque viajan al entierro de un ser querido, o porque llevan en la bodega el cuerpo de un familiar recientemente fallecido. Hay que tener mucho tacto y paciencia con estos pasajeros, porque resulta que ellos lo que quieren es contarte sus historias, entonces es cuestión de tomarse unos minutos para oírles, para ofrecerles unas palabras amables, darles una atención especial durante el vuelo. Lo correcto, cada vez que pasas a su lado, es tratarles personalmente, no como un ocupante más de un asiento en la cabina.

Los hay también casos en los que hay que utilizar los buenos modales y la ecuanimidad para resolver las situaciones que pueden generar otro tipo de pasajeros, como aquellos que ocasionan problemas por excederse de copas e intentar propasarse con alguna de las azafatas, o también los enamoradizos que no pierden la tentadora ocasión de ingresar en el nunca o siempre bien ponderado *Mile High Club* (el selecto club al que puede ingresar cualquier atrevido que logre consumar el acto pasional a mas de una milla de altura en alguna clase de nave aérea). Entre estos últimos a veces están las parejas que suben a bordo juntas, pero también están los que se emparejan en pleno vuelo y que a mitad de noche te piden una manta y luego les ves arrimarse muy juntitos el uno al otro, mostrando a todas luces, en la penumbra, esos movimientos que dan poco trabajo a la imaginación. Yo a veces pasaba con la linterna y les alumbraba las caras por un segundo, sólo por jugar, pero luego es cuestión de cada quien lo que quiera hacer en el avión; una no debe entrometerse en los asuntos íntimos de los demás aunque éstos se esmeren por llevar lo privado al espacio público. Discreción profesional que le llaman. Pero luego es muy difícil no percibir los malabarismos que ejecutan en esos espacios tan reducidos e incómodos para llevar a cabo tal empresa, como se hace notorio al ver a uno de los tórtolos ponerse de rodillas entre las piernas del otro, y uno simplemente debe reírse y continuar con el servicio de las bebidas alcohólicas, que más falta les puede hacer a otros.

En casi treinta años que estuve ejerciendo de tripulante vi pasar a varios personajes famosos por las cabinas de mis aviones. Uno de éstos bien podría encajar en el perfil de los pasajeros a los que me refería antes, claro que sin llegar al extremo de realizar semejante osadía erótica. Ella era una de las más grandes folclóricas españolas. Estaba viviendo sus mejores años, ostentaba una gran belleza y mucho carisma. Tenía una gran personalidad y una enorme acogida entre el público general causando especial revuelo en el sexo opuesto. Solía viajar mucho a Latinoamérica para presentar sus espectáculos y en uno de sus viajes de retorno a la Madre Patria le pude ver muy acaramelada, en su asiento de primera clase, dándose de besos durante toda la noche con un ilustre congresista peruano que viajaba a su lado. En otra ocasión, volvió ella a subirse en un avión en el que yo volaba, pero esta vez con quien estuvo enfrascada en cariñosos arrumacos fue con un compañero tripulante al que probablemente le llevaba unos diez años en edad. Bien cariñosa resultó ser la dama.

Me ha tocado la suerte, también, de servir a otros célebres artistas ibéricos. Uno de ellos, un cantante muy atractivo, de mediana edad, que ha actuado en varias películas españolas y francesas, y por quien suspiran tanto chicas como chicos dada su ambigüedad o ambivalencia sexual. En ese mismo vuelo, que era nocturno, subió al avión otro cantante de nacionalidad mexicana y de talla mucho menor a la del español, pero por alguna razón éste se daba ínfulas de divo. Entró con gafas de sol en plena noche y un gorro con orejeras, estilo Sherlock Holmes, que le cubría la cara casi por completo en un intento falso por pasar desapercibido. Se hizo evidente que no tenía la menor intención de camuflarse entre el pasaje ya que, con el escándalo que armó para cambiarse de asiento por uno que se reclinara más, demostró el afán que tenía por figurar y alardear de su condición de estrella, aunque su popularidad estuviese en claro declive. Muy por el contrario, el guapo artista español se comportó desde el principio como un perfecto caballero, desbordando toda la simpatía y sencillez de las que el otro carecía. Incluso mostró tanta cercanía que saludó a todas las chicas de la tripulación con un beso en cada mejilla, causando durante un buen rato serias subidas de presión, palpitaciones y enrojecimiento de mejillas. Cuando se corrió la voz de que este galardonado actor y cantante se encontraba a bordo se formó una pequeña revolución entre las pasajeras de todas las edades. Tuvimos que ejercer de guardaespaldas intentando contener el aluvión de admiradoras para evitar el caos en la cabina de primera clase. El petulante artista mexicano creyó que el alboroto se había formado por su presencia y, emocionado por descubrir que su fama aún tenía cierta vigencia, mandó a decir que podíamos dejar pasar a algunas cuantas para firmar autógrafos. Menuda cara se le quedó cuando, con enorme placer, me tocó informarle sobre lo poco que servía su permiso ya que la algarabía se centraba en la figura de su colega, quien dormía plácidamente unos asientos más adelante y de cuya presencia aún no se había percatado.

En otro vuelo tuve el placer de conversar con uno de los cantantes contemporáneos que mayor éxito ha cosechado en el ámbito de la música a nivel mundial, hijo de una ex reina de belleza asiática y del más célebre baladista español de todos los tiempos. Esto sucedió antes de que el joven madrileño empezara a editar discos en inglés conquistando el mercado global. Por ese entonces tenía alrededor de veintiún años y regresaba de participar en un festival emblemático de música latina en Chile. Al entrar en la cabina todas las tripulantes empezamos a cuchichear sobre lo guapo que era en persona, y sobre cómo se le notaba la timidez que le ocasionaban las pasiones que a su alrededor despertaba. Tanto así que, a pesar de morirse de hambre, le costó muchísimo armarse de valor para venir hacia mí a explicarme que llevaba casi un día entero sin ingerir alimento alguno y a pedirme si podía convidarle un par de bolsas de cacahuetes al menos. Por supuesto que yo, conmovida por su vergüenza y ternura, acabé extendiéndole una bandeja con doble ración de pollo con patatas y dos porciones de pastel de chocolate como postre. Muy agradecido aceptó mi negociación y firmó, para mis sobrinas y ahijadas, los autógrafos que le solicité a cambio de la comida. Al final, cuando aterrizamos y él se aprestaba a salir por la puerta del avión, desde el otro lado de la cabina y como si fuésemos amigos de toda la vida, grité su nombre y le solté a la distancia un confianzudo:

—¡Oye, y salúdame a tu papá!

—¡Gracias! —respondió con una sonrisa dulce y divertida a la vez, mientras hacía un gesto de despedida con la mano y el resto de mis compañeros se giraban todos al mismo tiempo para dedicarme una mirada entre perpleja y socarrona.

Es cierto que han pasado muchas personalidades por las cabinas de mis aviones, pero la más ilustre de todas, la que mayor impresión me ha causado y con quien tuve el inmenso honor de compartir unas horas sobre las nubes, vino desde el Vaticano: el Papa Juan Pablo II. Este extraordinario acontecimiento en mi vida sucedió por primera vez en el año 1985, volviéndose a repetir en su segunda visita tres años después. Para tan magna ocasión la aerolínea de bandera del país acondicionó la aeronave de un modo excepcional para transportar a Su Santidad, instalando una cabina papal en la primera clase con asientos más anchos y confortables, mesas más amplias, bordados especiales en el cabezal de los asientos, entre otros detalles. En dicha cabina, acompañando al Sumo Pontífice, se sentarían el Cardenal de Lima, el nuncio apostólico y el secretario personal del Papa. Más atrás, en la clase ejecutiva había espacio para cuarenta y ocho personas del séquito oficial, miembros de la guardia suiza y algunas autoridades religiosas y políticas locales. Y en la parte posterior estaba la cabina para los representantes de la prensa nacional e internacional con ochenta asientos.

Asimismo, se equipó el *galley* de primera clase con el menaje más refinado: porcelana china, mantelería de lino y una cubertería muy exclusiva. El menú especial que servimos se escogió previa consulta con el personal allegado al Papa para conocer sus preferencias alimenticias y la posible existencia de algún ingrediente que su organismo o paladar rechazase. Ofrecimos fiambres de primera calidad, una selección de quesos, una ensalada de palmitos y, como plato de fondo, camarones o pollo al vino blanco con alcachofas y azafrán, terminando el servicio con fruta fresca, repostería belga y algunos licores digestivos.

Acorde al acondicionamiento especial de la aeronave para la distinguida presencia del Santo Padre, también los miembros de la tripulación fueron seleccionados para cumplir con los más altos estándares de servicio y atención. Se escogieron por antigüedad y por méritos profesionales, así como por haber demostrado tener una calidad humana intachable con valores como la honestidad, el respeto y la cortesía.

Fue un vuelo que se haría de madrugada y recuerdo que todos los tripulantes estábamos expectantes y muy nerviosos esperando la llegada del Excelentísimo. La aerolínea preparó para la ocasión un coro de cuarenta voces que fue conducido por el director de la orquesta sinfónica de Nueva York, quien era hijo de la directora del coro. Así se le recibió y despidió al Pontífice, con cánticos en su lengua natal, el polaco, y algunas arias clásicas que se confundían entre los gritos emocionados de cientos de feligreses apostados en las inmediaciones de la terminal.

Junto al comandante de la aeronave, yo como supervisora de cabina me encontraba de pie a las puertas del avión para recibir al Papa con los nervios a flor de piel. Apenas cruzó el umbral de la entrada desapareció toda la tensión e inundó la cabina con una sensación absoluta de paz y bienestar. Transmitía tanta serenidad con su lento andar y pacífica expresión que todos los tripulantes nos quedamos absortos mirándole pasar, mientras le saludábamos con sendas reverencias. El Santo Padre solamente bebió un poco de agua y no quiso comer nada durante el vuelo. Al final del viaje, su secretario hizo pasar a toda la tripulación para rodear al Papa, posando delante de su fotógrafo personal, e inmortalizar uno de los momentos más maravillosos que yo recuerde en mi vida. Siendo una católica tan devota, no quise desperdiciar la oportunidad única de tenerle tan cerca y le hice entrega de mi rosario y de una foto de mi hermano muerto para que les impusiera su santa bendición. Nunca olvidaré su mirada llena de misericordia y armonía mientras me regalaba un gesto divino de paz.

Distando mucho del pacifismo de esta experiencia, me llega a la memoria un evento que puso en serio riesgo a un vuelo nocturno en el que tuve que operar como jefa de cabina. Sucedió a finales de los años ochenta, era la época más álgida del terrorismo en Perú cuando las actuaciones subversivas de Sendero Luminoso y el MRTA mantenían en vilo a toda la población. La ruta era Lima-Santiago-Buenos Aires, y cuando arribamos a la capital chilena, desde la torre de control le informaron al comandante de que había llegado la amenaza de haberse colocado una bomba a bordo. En esos tiempos se estilaba que hubiera numerosas amenazas infundadas de bombas en todo tipo de instituciones gubernamentales, escuelas, aviones, etcétera. El capitán me llamó al *cockpit* y me dio a conocer el reporte que había recibido de la torre, añadiendo su decisión de continuar con el vuelo tal como estaba programado. Hoy en día los protocolos de seguridad impondrían la obligación de cancelar el vuelo, evacuar al pasaje e inmovilizar el avión hasta que los peritos pudiesen examinarlo a fondo. Pero el comandante decidió seguir con el plan de vuelo enrumbando hacia Argentina y, como el vuelo no iba lleno, me ordenó trasladar a los pasajeros hacia la parte posterior del avión con la excusa de que buscábamos balancear el peso en la cabina y así no dejar que se filtrase la información sobre el hipotético explosivo a bordo. Al parecer, el piloto había llegado a la conclusión de que si existía realmente una bomba a bordo ésta tenía que estar en la bodega delantera ya que había sido la única que no se había abierto desde que salimos de Lima. Por eso y porque la cola se considera como la parte más segura del avión, razón por la cual la caja negra siempre se ubica en este sector, decidió el comandante que sería prudente trasladar a todo el pasaje hacía la zona de atrás.

En teoría, según la advertencia, el explosivo estallaría al tocar tierra y, aunque el capitán tenía la intuición de que no era más que una falsa alarma, toda la tripulación, sin demostrar un ápice de nerviosismo en nuestros rostros o actos, estábamos verdaderamente asustados. Y así continuamos los tripulantes con el servicio y el comandante con el plan de vuelo, el cual marca la ruta específica a seguir, como si fuese una carretera aérea con determinadas ciudades que se deben sobrevolar y con las cuales hay que establecer contacto para dar constancia positiva de todos los indicadores de la navegación. Y en cada punto de control le preguntaban al comandante por la radio si tenía conocimiento de la amenaza, ante lo cual respondía afirmativamente y recibía siempre, a cambio, una imaginaria palmada en la espalda acompañada de un lacónico pero esperanzado «buena suerte», mientras nosotros continuábamos adentrándonos en la oscuridad de los cielos andinos amparados en nuestros mejores deseos y sometidos a la diosa fortuna.

No había mucho que los tripulantes pudiéramos hacer salvo encomendarnos a los santos de nuestra devoción y continuar patrullando la cabina atendiendo a nuestros pasajeros con el afán de alejar los pensamientos fatalistas y conseguir tal vez que, ignorando esas ideas, el peligro se diluyese en el cotidiano devenir de nuestra labor y así no se materializase nunca. Pero aunque en circunstancias como ésas nuestro entrenamiento nos permite mantener la sangre fría por el bien del pasajero, es difícil controlar los vaivenes de la mente que, aferrándose a la vida, a veces teme lo peor. Durante el vuelo entré varias veces al *cockpit* para conversar con el comandante y estimar todos los posibles escenarios, buscando quizás, inconscientemente, que apaciguara mis miedos con su certeza y tranquilidad. Cuando nos acercábamos a nuestro destino, la ciudad de Buenos Aires, mi corazón empezó a palpitar con mayor intensidad sabiendo que existía la posibilidad de que, al tocar tierra, ese avión en el que tantas veces había volado se convirtiese en mi tumba y la de docenas de pasajeros más. Creo que nunca recé tantos padres nuestros en mi vida mientras me encontraba abrochada a mi asiento esperando el aterrizaje.

Finalmente, el avión tocó tierra y la bomba nunca explotó. Varios minutos después, una vez que la totalidad del pasaje había abandonado la aeronave y todo el equipaje había sido recogido de la cinta corredera, quedó una solitaria maleta dando vueltas sobre ella haciendo sospechar a los miembros de seguridad del aeropuerto que el explosivo podía estar en su interior. En última instancia se descubrió que la bomba no había existido nunca y que había sido solamente una falsa amenaza. Resultó ser que aquella maleta había viajado sin pasajero, lo cual solía suceder con frecuencia en esos tiempos, cosa que hoy en día, con las estrictas normas de seguridad que reinan en los aeropuertos, sería impensable ya que al avión no sube ningún equipaje que no tenga a su dueño a bordo.

Esa misma noche, en un hotel céntrico bonaerense, la tripulación entera nos metimos una borrachera de antología celebrando el aire que respirábamos y la elusión de lo que nosotros imaginamos pudo ser el último vuelo de nuestras vidas. No cabe duda de que la vida se saborea mejor cuando uno se ve enfrentado tan de cerca a la muerte y logra sobrevivir para contarlo... aunque en aquella ocasión todo fue causado solamente por una broma de pésimo gusto.

Mónica, 59 años

Comenzó a volar en el año 1969 cuando en la aerolínea para la que trabajaba aún no se utilizaban los carros de la comida y los servicios se hacían con bandeja en mano. Al iniciarse como azafata, con sus escasos dieciocho años, consiguió una independencia económica con la que las chicas de su edad ni siquiera soñaban. A pesar de la dificultad para sobrellevar la distancia de los seres queridos, considera que su profesión es de las más enriquecedoras que existen.

Dadas las dificultades que atravesaba la situación financiera de mí familia a finales de los años sesenta decidí que lo mínimo que podía hacer era ponerme a trabajar para ayudar con los gastos del hogar. A través de la novia de mi primo, que era azafata en una de las compañías aéreas más importantes, me enteré de que se estaba llevando a cabo un proceso de selección de tripulantes de cabina, y como ella llevaba una vida muy cómoda e interesante, contándonos siempre de sus viajes y aventuras, me convencí de que ésa sería la mejor opción para mí. Tres días después de presentarme a la entrevista me llamaron para iniciar el curso de entrenamiento y fue así como me introduje en el extraordinario mundo de la aviación comercial.

El curso de formación fue muy duro e intensivo ya que la aerolínea había inaugurado recientemente las rutas a Europa y se encontraba en la imperiosa necesidad de poner a trabajar a los nuevos tripulantes. Estuve casi dos años volando con ellos y para mí fue una época llena de experiencias nuevas, conociendo el viejo continente, mezclándome con gentes distintas y haciendo amigos entrañables que hasta el día de hoy tengo la suerte de conservar. Sin embargo no puedo dejar de reconocer que, siendo tan joven, resultó ser también un trabajo muy comprometido ya que tuve que dejar de lado a mi familia y a mis amigos, particularmente durante las fechas especiales, porque el trabajo de azafata implica no tener un horario establecido y siempre estar lista para coger tu maleta y montarte en un avión. Pero es indudable que los beneficios que obtuve a través de la profesión que escogí compensaron largamente todos los sacrificios que tuve que hacer durante mi juventud. Además de lo enriquecedora que fue la experiencia ganada en el plano personal, ayudándome a abrir la mente y a superar mi timidez, también conseguí independizarme económicamente, agenciarme de muchas herramientas y cristalizar logros que en esa época, para las chicas de mi edad y sin estudios superiores, eran muy complicados de obtener.

Hoy en día los aviones vienen implementados con modernos y funcionales equipos que permiten que la labor del tripulante sea bastante más ágil y eficiente, pero hace cuarenta años las cosas eran muy distintas. En la clase turista no teníamos los carros para transportar la comida y la bebida, entonces estábamos obligadas a realizar el servicio llevando una bandeja en cada mano para atender a los pasajeros de dos en dos. Calculando que tuviéramos vuelos con doscientos cincuenta pasajeros a bordo puedo llegar a la conclusión de que, durante esos años, probablemente haya completado en las cabinas de todos esos aviones por lo menos una caminata intercontinental. No resulta difícil imaginar lo agotador que podía llegar a ser tener que andar por esos pasillos más de cien veces, de arriba a abajo, de ida y de vuelta, una y otra vez. Y peor aún cuando los viajes eran más largos y correspondía ofrecer al pasaje dos comidas. Un esfuerzo similar representaba la recolección de las bandejas al final de cada servicio. Terminábamos con los pies deshechos y con unos dolores de espalda tortuosos.

Pocos años después, ya trabajando para otra aerolínea, llegaron los benditos *trolleys* en los que cabían cuatro contenedores que, a su vez, almacenaban siete bandejas cada uno. Igual teníamos que cargar y descargar los carros cada tanto porque sólo alcanzaba para servir a veintiocho pasajeros por vez, pero sin duda alguna la aparición del *trolley* alivió nuestra carga de trabajo de un modo sustancial. No obstante, debo admitir que cuando me informaron de que me ascendían a la primera clase salté de la emoción porque la faena ahí era mucho más llevadera y fácil. Se preparaban entre cinco y seis carros montados elegantemente con cubertería de plata, mantelería bordada y cristalería fastuosa. Es verdad que el servicio era como de un restaurante de lujo, haciendo secuencia por secuencia, todo de un modo muy sofisticado, y que aquello podía ser interminable. Pero está claro que, a diferencia de la clase económica, se atendía a menos gente y el espacio a caminar era mucho más reducido.

Los aviones de antes no cargaban a más de doscientos cincuenta pasajeros, mientras que hoy en día las aeronaves grandes viajan con cuatrocientas personas a bordo. De alguna manera creo que la atención estaba más personalizada décadas atrás y que también existía una vocación de servicio mayor en los tripulantes de entonces, quienes asumían responsabilidad sobre diferentes aspectos del oficio que en la actualidad no reconozco entre los nuevos profesionales. Para empezar, y sin ánimo de generalizar, considero que la calidez en el trato con el pasajero ha disminuido ostensiblemente en la mayoría de las aerolíneas. Antes nos desvivíamos por dejar en cada pasajero la mejor imagen posible de la compañía, haciendo gala de un servicio impecable y cercano que en todo momento daba prioridad al confort y bienestar de nuestros clientes. Asimismo existía un compromiso muy sólido arraigado en el espíritu de los tripulantes de antaño, quienes llevábamos la insignia de nuestras aerolíneas con mucho orgullo intentando dejar muy en alto siempre el nombre de la empresa, pero no sólo en aras de la imagen corporativa sino por la satisfacción de realizar nuestras labores a cabalidad. Tuve un compañero, por ejemplo, que durante los años difíciles que atravesó nuestra aerolínea, debido a una mala administración por parte de los ejecutivos, se llevaba los juegos de mantelería a casa para lavarlos y traerlos limpios para el siguiente vuelo ya que se avergonzaba de no poder ofrecer un servicio de primera categoría como lo habíamos hecho durante los años iniciales. Otra compañera hacía lo mismo con la cubertería, llevándosela a casa para sacarle brillo con productos de limpieza y así dejarla resplandeciente para los siguientes pasajeros. Eso sí, cada vez tenía menos trabajo ya que al finalizar cada vuelo siempre desaparecían, como por arte de magia, decenas de juegos de cubiertos.

Si bien los tripulantes teníamos un gran sentido del compromiso y una dedicación absoluta para con nuestra profesión, eso no implica que fuésemos todos personas de una moral intachable. Había ciertas cosas que nuestra línea de trabajo nos permitía y que a la vez se encontraban en los extrarradios de la ley, pero considerando los beneficios que se podían sacar de ciertas facilidades de las que gozábamos viajando por el mundo entero, era difícil no sacar provecho de ellas. En los años setenta y ochenta la mayoría de los países latinoamericanos vivía bajo modelos económicos cerrados que buscaban favorecer la producción nacional, por lo cual, al encontrarse las fronteras mercantiles cerradas, el intercambio comercial con ciertos países era nulo y entonces no se podían encontrar por ningún lado productos foráneos de calidad para el consumo local. Sin temor a equivocarme diría que la gran mayoría de los tripulantes que trabajábamos en aerolíneas latinoamericanas hacíamos nuestras compras en el extranjero, ya fuese en los Estados Unidos o en Europa, consiguiendo todo tipo de artículos de primera necesidad y de lujo que en nuestros países ni siquiera se conocían. También acostumbrábamos a quedar de maravilla con familiares y amigos cuando les traíamos regalos exóticos y exclusivos desde todos los rincones del planeta. Fue sólo cuestión de tiempo que de dicha situación se empezasen a aprovechar varias compañeras para hacer sus pequeños negocios y ganarse un dinerillo extra, que en muchas ocasiones no resultaba nada insignificante. Había una gran cantidad de productos que se cotizaban en Colombia a precios muy elevados, como sucedió, por ejemplo, en los años ochenta, con los bolígrafos de oro de la marca Cross, importados clandestinamente desde la ciudad de Miami.

Era realmente jocoso ver cómo, cuando nos aproximábamos a nuestro destino final, todas las azafatas se encerraban en los baños al mismo tiempo para esconder hasta cuarenta bolígrafos en sus equipajes o para forrárselos en el cuerpo alrededor de las piernas y las pantorrillas con cinta adhesiva. Más divertido aún resultaba verlas caminar luego por la rampa y por los pasillos del aeropuerto andando tiesas como robots, sudando la gota gorda pensando en el momento de tener que pasar por el control de aduanas. Aunque en aquellos tiempos el aeropuerto de Bogotá no tenía detectores de metales, los agentes de aduanas no eran tontos y sabían perfectamente lo que muchos tripulantes se traían entre manos, o entre piernas mejor dicho. Pero tampoco era muy difícil librarse de una ignominiosa exposición pública como contrabandista ya que el soborno era una práctica bastante extendida en mi país. Tan sólo hacía falta llevar siempre encima un cartón de cigarrillos o una botella de whisky para congraciarse con el agente de turno y que te dejase pasar libre de culpas.

Además de los bolígrafos, había tripulantes que ya tenían sus negocios bien organizados con largas listas de clientes y pedidos específicos que abarcaban todo tipo de artículos, desde cosméticos y productos de higiene personal, hasta sujetadores y aparatos electrónicos, pasando por perfumes, relojes, collares, prendas de vestir, caramelos y finos chocolates. La verdad es que había chicas que eran muy ingeniosas y que se habían vuelto especialistas en empacar celosamente sus inocuos artículos de contrabando. No recuerdo haber escuchado nunca que hubiesen atrapado a alguna compañera con la maleta llena de mercancías ilegalmente importadas, pero apostaría una mano a que no eludieron este penoso destino por la eficacia de sus métodos de ocultación sino, más bien, como dije antes, por la facilidad que existía entonces para corromper a las autoridades.

Tristemente, la corrupción no sólo imperaba en los niveles más bajos e inofensivos del comercio sino que escalaba, incluso, hasta las esferas altas del poder. Mi país, por mucho que me pese, ha sido sujeto durante años de una mala imagen a nivel internacional a raíz de la existencia de los cárteles del narcotráfico. La mayoría de las exportaciones ilícitas se hacían, en los años setenta y ochenta, hacia el sur de los Estados Unidos, teniendo como puerta de entrada al estado de Florida. He leído y escuchado de historias sobre diferentes aerolíneas peruanas, bolivianas y colombianas que han estado involucradas en el tráfico ilegal de drogas. De una de esas historias yo fui testigo directo y presencial.

A finales de la década del ochenta, una de nuestras rutas más transitadas enlazaba las ciudades de Bogotá y Medellín con Miami. Los vuelos iban a tope de pasajeros y volvían igual de llenos. Uno de los propietarios de la compañía, un ejecutivo muy elegante que rondaba los cincuenta años, solía siempre subir al avión en los vuelos nocturnos que salían a Miami con un portafolio en la mano. Se acercaba a las azafatas con una sonrisa, siempre muy simpático y cariñoso, aduciendo que venía para desearnos un buen viaje y para verificar que todo estuviese en orden. A pesar de su afabilidad, cuando me tocaba viajar en dichos vuelos yo percibía que había algo sospechoso en toda la situación. Luego, antes de que se iniciase el embarque de los pasajeros, él le otorgaba el maletín a una de las tripulantes con la consigna de que se lo entregase a quien viniera a buscarlo una vez que aterrizaran y, en seguida, se bajaba muy tranquilamente del avión. En Miami tenía un contacto que estaba acreditado para tener acceso a la cabina, por lo cual siempre había alguien esperando por el bulto a las puertas de la aeronave. Si bien se hacían muchas conjeturas al respecto entre los miembros de la tripulación, nadie estaba dispuesto a enfrentarse al dueño de la aerolínea por una suspicacia que no estuviese fundada en algo certero. El ejecutivo aseguraba que sus envíos eran importantes documentos relacionados al manejo de la empresa y así optaron por creerlo las tripulantes que escogía para realizar sus remesas.

En una de las ocasiones en que el alto directivo había entrado a la cabina con el típico portafolio en la mano, aparecieron a los pocos minutos en la puerta de embarque unos agentes de la policía que pugnaban por entrar a buscarlo. Él se metió raudamente en el *cockpit* y, al poco rato, salió el comandante diciendo que intentaría hablar con los investigadores para averiguar de qué trataba todo el asunto. Momentos después, regresaba el capitán con tres policías diciendo que sus acompañantes revisarían el avión y pidiéndonos que colaborásemos con ellos en todo lo que solicitaran. Buscaron en los baños, debajo de los asientos, inspeccionaron los *galleys* y la cabina de vuelo, nos revisaron uno por uno a todos los tripulantes de los pies a la cabeza, lo cual fue sumamente humillante, pero al final no encontraron nada y tuvieron que dejar ir al causante de sus sospechas. Luego me enteré de que habían escudriñado la cabina con tanto ahínco porque lo que buscaban eran fajos de dólares o paquetes de cocaína. Después de ese episodio, el ejecutivo dejó de presentarse en esos vuelos durante varios meses, pero poco tiempo después fue apresado por la policía bajando del avión luego de un viaje en que volvía de Miami. Le encontraron con varios miles de dólares y unos cuantos kilos de droga en la maleta. A él le metieron en la cárcel y unos meses más tarde la compañía fue cerrada por mandato judicial.

En la siguiente aerolínea para la que empecé a trabajar también pasaron algunas situaciones complicadas de las que fueron protagonistas tanto pasajeros como miembros de la tripulación. Recuerdo que una de ellas sucedió en un vuelo con destino a México en el que yo operaba de sobrecargo. Normalmente, en los viajes largos como ése, los pilotos suelen echarse sendas siestas mientras el piloto automático continúa con la ruta trazada. El primer oficial vio al comandante bostezar unas cuantas veces antes de echar la cabeza para atrás y quedarse dormido. Al cabo de unos minutos, cuando intentó despertarle y vio que no reaccionaba, se dio cuenta de que no estaba descansando sino que, en realidad, estaba muerto. Le había dado un paro cardíaco y así, en silencio y en pleno vuelo, falleció. Entre el pasaje había un ingeniero de vuelo de la compañía que viajaba de vacaciones. Tuvimos que recurrir a él para que entrara en el *cockpit* y asistiera al copiloto en el aterrizaje. También fue de mucha ayuda en la remoción del cadáver del asiento del piloto ya que el comandante era un hombre bastante corpulento y entre el primer oficial y yo habíamos ya tenido gran dificultad para lograrlo. Con su esfuerzo conseguimos cargar el cuerpo inerte y colocarle sobre el suelo de la cabina. Ninguno de los pasajeros se enteró de lo sucedido y unas horas después aterrizamos sin problemas en la capital mexicana, donde ya nos esperaban los servicios médicos para llevarse al difunto aviador. Fue un acontecimiento muy triste para mí porque, a pesar de que no le conocí demasiado tiempo, era una persona muy entrañable y un gran profesional.

En otra oportunidad tuvimos entre los pasajeros a un pintor muy renombrado y de fama internacional. El caso es que también se le conocía por ser un personaje díscolo y por sus excesos alcohólicos y sus coqueteos con otras sustancias. En esta ocasión era evidente que había subido al avión en estado de ebriedad y entonces se dio la orden a la tripulación de no proporcionarle ni una gota más de licor. Desde el despegue no paró de solicitar bebidas por todos los medios hasta que, luego de muchas negativas, empezó a ponerse beligerante con las azafatas y a molestar también a los pasajeros vecinos. En determinado momento parece ser que le entraron los diablos azules porque se convirtió en un completo energúmeno. Al parecer estaba bajo el efecto de otras sustancias que le hicieron perder el control, y entonces empezó a armar un escándalo descomunal amenazando a los tripulantes, intentando abrir la puerta del avión, asegurando que se desnudaría en medio de la cabina, entre otras majaderías. No recuerdo exactamente cómo es que logramos calmarle pero tuvieron que pasar largos minutos de psicología condescendiente antes de conseguirlo. Mientras tanto, el comandante avisó de la situación por la radio solicitando que el personal de seguridad y de la policía esperase al alborotador en el aeropuerto a nuestra llegada. Una vez que aterrizamos se llevaron al impresentable artista, quien tuvo que pasar una noche en la comisaría, no sin antes tener el descaro de acusar a la tripulación de haberle drogado y echarnos la culpa de todo el suceso a nosotros. ¡Vaya morro!

Yendo por el lado más ligero de las peripecias de un tripulante en el aire me acuerdo de un par de anécdotas que ocurrieron en mis primeros años profesionales. Viajaba a la ciudad de Los Ángeles en un vuelo de diez horas que había salido de Bogotá alrededor de la medianoche. Entonces, servimos unos bocadillos y unos zumos poco después del despegue y luego apagamos las luces de la cabina para permitir que el pasaje durmiese. En esa época no exhibíamos películas a bordo y como siempre había pasajeros que no conciliaban el sueño, los que no se ponían a leer se pasaban el vuelo entero pidiéndonos cosas y buscando conversación. Uno de ellos me había estado solicitando copas de vino durante toda la noche y ya en determinado momento percibí que sería conveniente cortarle el caño porque empezaba a ponerse un poco irrespetuoso. Eran las cinco de la mañana, yo estaba muy cansada y los zapatos me estaban matando. Caminando por el pasillo, le traía un vaso de agua con el objetivo de bajarle un poco las revoluciones al beodo impertinente, pero poco antes de llegar a su asiento, de la fila posterior cae justo delante de mío el cuerpo de otro pasajero que resbaló mientras dormía, causando un tropiezo que terminó conmigo en el suelo y con el agua del vaso empapando por completo la cabeza del torpe dormilón. Qué estaría soñando el pobre hombre que se despertó como si estuviera ahogándose y gritando que el avión se había caído al mar. Tan abrupta y estrepitosa fue su reacción que yo incluso hasta me asusté. Una vez que me incorporé y me disculpé cien veces por el accidente, me aresté a retornar al *galley* para traer unas toallas con las cuales secarle, y fue entonces que el otro pasajero, que se hallaba sentado una fila más adelante y al otro lado del pasillo, se volteó y me dijo con un tono tan casual que casi me sonó a mofa:

—Oye, pero yo no te pedí agua. ¿Ves? Eso te pasa por no hacerme caso. Ahora en serio, y si fueras tan amable, tráeme esa copita de vino, ¿no?

Y es que las torpezas no terminan ahí. Recuerdo que, haciendo el servicio en la primera clase con la cabina llena, teníamos que ofrecer una tarta de fresas con crema una vez que termináramos de pasar los quesos y la fruta. Un compañero que estaba en el *galley* me alcanzó las tres bandejas con los quesos, la fruta y la tarta, las cuales acomodé cuidadosamente sobre el trasportín, que es el asiento donde nos ubicamos los tripulantes durante el despegue y el aterrizaje. Terminé de recoger en la cabina unos platos sucios y entonces volví a por los quesos y la fruta. Pasaron varios minutos hasta que los pasajeros acabaron con esa secuencia del servicio y tocaba entonces ofrecer el suculento pastel, pero de él ya no había rastro alguno y nadie tenía la menor idea de adónde había ido a parar. Le preguntamos a los tripulantes de la clase ejecutiva y a los de la clase turista también. Y hasta fuimos al *cockpit* a indagar sobre el destino del dulce a los pilotos, pero ninguno de ellos sabía de lo que estábamos hablando; nadie se tomaba nuestra preocupación en serio porque, conociendo las inocentadas a las que nos sometíamos unos a otros todo el tiempo, sospechaban que todo el revuelo por el postre perdido se trataba tan sólo de una simple broma. Sin más remedio, tuvimos que conformarnos durante el resto del vuelo a quedarnos con la intriga de lo que en realidad había sucedido. Fue cuando el capitán anunció que nos aproximábamos a nuestro destino que se desveló el misterio porque, al intentar abrir mi trasportín para asumir la posición de aterrizaje, me encontré con la tarta aplastada en el interior del asiento retráctil. Sucedió que al coger las otras dos bandejas el peso de la tarta no fue suficiente para mantener la posición del asiento y, sin que nadie se percatase de la ruina del postre, el hambriento trasportín se cerró cual planta carnívora y, sin más, se tragó el dulce colofón de nuestro servicio gastronómico.

Entre las cosas más impactantes que pude observar desde un avión me viene a la memoria un suceso trágico que acaeció en un pueblo llamado Yungay, asentado a las faldas de la cordillera de los Andes en el norte del Perú. En el año 1970, sacudió a ese país uno de los terremotos más catastróficos de toda su historia, el cual ocasionó el desprendimiento de un enorme glaciar desde la cumbre del Huascarán, una de las montañas más altas del planeta, que a su vez generó un alud que terminó por enterrar al pueblo entero en cuestión de segundos. Considerado como el peor desastre natural que haya podido golpear la zona central de Sudamérica, la avalancha sepultó y aniquiló a sus veintidós mil habitantes, dejando solamente a noventa y dos sobrevivientes. Recuerdo que en varias ocasiones tuve que sobrevolar la zona haciendo la ruta a Lima y que, desde la cabina del avión, se podía avistar una enorme nube de color tierra sobre el lugar de cataclismo; una polvareda que quedó estancada durante varias semanas y que fue un constante recordatorio del fatídico evento que, súbitamente, convirtió a un tranquilo pueblo bucólico en un sorpresivo cementerio.

Paola, 60 años

Probablemente sea una de las pocas tripulantes del mundo que haya experimentado en carne propia el trauma de sufrir un secuestro armado a bordo de un avión. Hoy en día vive en la ciudad de Miami donde dirige, desde hace 22 años, una exitosa agencia de viajes junto con su esposo, a quien conoció volando. Asimismo es una de las fundadoras de una asociación de beneficencia que está conformada por los ex trabajadores de su antigua y ya fenecida aerolínea, la cual se dedica a brindar ayuda a los obreros que se quedaron sin indemnización cuando quebró la compañía, así como también a un grupo de cuatrocientos niños de bajos recursos, a los que bautizaron con el nombre de Aguiluchos, allá en su país de origen.

Debo haber contado esta historia, a lo largo de los años, en más de cien ocasiones, pero a pesar de haberla relatado para familiares, amigos, colegas, periodistas y demás curiosos, no podré nunca olvidar aquella odisea de veinticuatro horas en la que, entre otras cosas, estuve atrapada en una cabina sin saber si saldría de ella con vida o no. Corría el mes de marzo del año 1968. Yo trabajaba en la aerolínea comercial más antigua del Perú, que fue también una de las primeras en fundarse en Latinoamérica. Los hechos que precedieron al evento que voy a narrar tuvieron el cariz común e intrascendente de siempre, nada hacía presagiar el tremendo lío en el que nos veríamos envueltos tan sólo unos minutos después de que finalizara el embarque. Como uno más entre centenares iguales que habíamos guiado en el pasado, éste fluía con la más absoluta normalidad. La tripulación técnica estaba liderada por un comandante de origen alemán nacionalizado peruano, el cual, gracias a Dios, además de ser muy experto y perspicaz, transmitía mucha seguridad. Además de él, viajaban en el *cockpit* el primer oficial, un ingeniero de vuelo y un joven piloto que recién iniciaba su entrenamiento. Entre los tripulantes de cabina nos encontrábamos cuatro personas: Jorge, que era el sobrecargo, Paula, la de mayor experiencia y más edad, Victoria, la más joven y novata, y yo, que tenía veintidós años. La aeronave era un Boeing 727 que la compañía había adquirido recientemente para realizar sus vuelos nacionales, y la ruta programada debía llevarnos desde Lima hasta la ciudad de Arequipa, recorriendo una distancia de aproximadamente mil kilómetros hacia el sur de la capital.

Poco rato después de despegar se apagó la señal de abrocharse los cinturones y nosotros nos aprestamos a servir el almuerzo. Más de la mitad de los asientos del avión iban vacíos, solamente viajaban sesenta y nueve pasajeros, así que tenía la idea de que sería un vuelo fácil y tranquilo. Mientras preparábamos los *trolleys* para empezar el servicio se dejó oír un estruendo viniendo desde el *cockpit*, algo así como un portazo. Jorge me miró con cara de misterio y, con las mismas, se dio media vuelta y se dirigió hacia el lugar de donde provino el ruido para averiguar de qué se trataba. Al cabo de unos minutos regresó visiblemente fastidiado y me contó que había intentado abrir la puerta de la cabina de mando pero que ésta se encontraba trabada y que, entonces, llamó al comandante por el interfono y éste le había dicho que se calmara, que todo estaba bien, que ya le llamaría de vuelta en unos instantes. Jorge sospechaba que algo muy malo estaba sucediendo en ese momento, pero yo intenté tranquilizarle repitiendo las palabras del comandante sin siquiera imaginar que, mientras lo hacía, había una persona en el *cockpit* amenazando con un arma a los pilotos. Entonces sonó el interfono y el capitán le comunicó al jefe de cabina que había un hombre armado apuntándole a la cabeza, que debía mantener a los pasajeros en la más absoluta ignorancia sobre el suceso y que él mismo trataría de resolver el asunto negociando con el atacante. Jorge nos reunió al resto de las tripulantes en el *galley* delantero y nos puso al tanto de la situación, coordinando un plan de acción para que estuviésemos alertas de que se trataba de un secuestro, que previniésemos la filtración de dicha información entre el pasaje y que nos mantuviésemos a la expectativa de las futuras instrucciones del comandante.

Entonces, como si nada estuviese pasado, nosotras empezamos a servir la comida. Yo estaba petrificada, tan nerviosa que me temblaban las manos, pero recuerdo cómo por dentro procuraba reafirmar mi responsabilidad diciéndome a mí misma que mi función principal en ese instante era evitar que alguien se enterase del peligro, por lo cual me obligué a armarme de valor y a continuar bajando por el pasillo entregando las bandejas con una falsa sonrisa de fotografía. A mitad de servicio irrumpió en la cabina la voz del comandante para informar al pasaje de que, en vista de un problema técnico, teníamos que dar la vuelta y regresar a Lima. Pude escuchar alrededor mío y al unísono un quejido colectivo que me hizo reír, supongo que más a causa de los nervios que por otra cosa, imaginándome cómo reaccionarían entonces si descubriesen que el problema técnico llevaba explosivos atados a la cintura y un arma en la mano preparada para volarle los sesos al piloto.

Pasados unos minutos del anuncio del comandante, éste volvió a llamar por el interfono y le ofreció a Jorge un informe pormenorizado de todo lo que estaba sucediendo en la cabina de mando. Un individuo que portaba un paquete de dinamita le estaba amenazando con un revolver asegurando que volaría el avión en pedazos si no le llevaban a Cuba. El asaltante se empecinaba en ignorar las advertencias de la tripulación técnica sobre las inconvenientes condiciones de la aeronave para realizar un vuelo de esas características, e insistía con vehemencia en que le transportaran hacia la isla caribeña. Como el avión se utilizaba solamente para realizar rutas nacionales no estaba equipado para volar sobre el mar, es decir, que no portaba balsas ni chalecos salvavidas, además de no tener suficiente combustible para cruzar el continente. En el instante en que Jorge nos contaba a las demás sobre lo que había hablado con el capitán, otro hombre se levantó de su asiento en la primera clase y, blandiendo una pistola en el aire, se paró delante de la puerta del *cockpit* ordenando que nadie hiciese un movimiento en falso. El segundo individuo era un hombre alto de rasgos indígenas y me hizo recordar al otro pasajero de características semejantes que había visto antes sentado en la primera fila, con lo cual deduje que debía ser él quien se encontraba tras esa puerta secuestrando el avión. A esas alturas ya la totalidad del pasaje se había enterado de que había una situación de riesgo a bordo, cosa que hizo más complicada nuestra tarea de mantener la calma en la cabina. Algunos pasajeros empezaron a gritar, a levantarse de sus asientos armando una batahola que el segundo asaltante acalló con un grito furibundo, exigiendo luego a Paula y a Victoria que fuesen a tranquilizar a la gente en la cabina. Hasta el día de hoy recuerdo ver a Victoria temblando como una gelatina. Paula, siendo la mayor, mostraba una serenidad excepcional. Obedeciendo la orden, bajaron las dos por los pasillos convenciendo a los pasajeros de que permanecieran en sus sitios ya que, además de desestabilizar la nave, podían causar un exabrupto violento en el secuestrador, empeorando las circunstancias para todos. Por mi parte, a pesar de estar realmente asustada, me sorprendió la manera en que demostraba tener unos nervios de acero, colaborando y conversando con el hombre que escoltaba la puerta para apaciguar sus ánimos e intentar llevar la fiesta en paz.

El comandante llevó el avión hasta Guayaquil. Poco más de dos horas y media después de haber salido de Lima, aterrizábamos en tierra ecuatoriana. El capitán había negociado con el atacante que si le permitía hacer escala en dicha ciudad él podía preparar la aeronave para realizar el vuelo ultramarino y llevarles a Cuba. Por fortuna había en pista un avión de Lufthansa. Entonces el comandante se puso en contacto con los pilotos germanos y, hablando en su lengua nativa, consiguió la ayuda necesaria para poder volar al Caribe. Además de las cartas de navegación que enviaron los pilotos alemanes, se repostó el combustible y se negoció también para que bajaran a tierra los pasajeros. Pero, en el último minuto, el secuestrador se negó a transigir cuando vio que alrededor del avión se había montado un circo de luces provenientes de coches policiales, camiones de bomberos y ambulancias. Incluso se acercó hasta el lugar de los hechos el mismísimo presidente de Ecuador. Todos querían ayudarnos.

En el momento de tocar tierra aparecieron dos sujetos más en la parte posterior de la cabina y se pusieron de pie, junto a las puertas traseras del avión, bloqueando las salidas. Estos dos hombres también iban armados, eran jóvenes y tenían una apariencia similar a la del hombre que resguardaba la puerta del *cockpit*. Se les notaba en el rostro una expresión indómita, como si estuviesen dispuestos a hacer cualquier cosa con tal de conseguir su propósito. Nosotras, junto con el resto de los pasajeros, nos sobresaltamos nuevamente cuando les vimos aparecer allá atrás. Ellos, con una frialdad y tranquilidad absolutas, aseguraron:

—Si ustedes se portan bien, nosotros los tratamos bien.

Finalmente, en cabecera de pista, cuando nos disponíamos a despegar, el líder del grupo cambió de parecer y decidió que permitiría el desembarque de todos los pasajeros. El comandante continuaba negociando constantemente con el secuestrador. La verdad es que manejaba la situación de un modo encomiable, demostrando poseer una gran determinación y mucha agudeza. Incluso, después de que todo el pasaje hubiese abandonado la cabina y se encontrase ya instalada en los buses que les esperaban afuera, el capitán se atrevió a proponer que nos dejase bajar también a los tripulantes, pero el hombre resolvió que del avión no se bajaba nadie más y que la tripulación completa viajaba con ellos a Cuba.

Fue así que volvimos a estar en el aire surcando los cielos en dirección norte: cuatro tripulantes en la cabina de vuelo, cuatro tripulantes en la cabina de pasajeros y cuatro hombres armados, con balas y dinamita, repartidos por todo el avión. Del *cockpit* no había entrado ni salido nadie desde aquel portazo que se escuchó cuando partimos de Lima. Afuera estábamos Jorge tratando de mantener la calma, Victoria sin poder esconder el terror que le devoraba, Paula aún bastante tranquila, y yo, que me fui con mi rosario a la parte posterior de la cabina para rezar porque era ya lo único que me quedaba por hacer. Los tres individuos le solicitaron a Paula que les sirviese algo de comer, y ella, como si de pasajeros comunes se tratara, les dio a escoger entre las opciones de pollo y carne. Luego, cuando les trajo el alimento, se sentó al lado de ellos y comenzó a hacerles preguntas personales. Los hombres no le hicieron demasiado caso, tan sólo respondieron a su pregunta sobre la finalidad del secuestro diciendo que únicamente buscaban llegar a Cuba y que podíamos estar tranquilos porque no nos pasaría nada.

Finalmente, casi seis horas después, aterrizamos en el aeropuerto internacional José Martí de La Habana, donde nos esperaban varios militares que abordaron al avión para bajarnos a todos los tripulantes. No hubo ningún revuelo ni enfrentamiento con los hombres armados. Tampoco pudimos ver lo que sucedió con ellos. A nosotros nos sacaron de la cabina y nos llevaron directamente a una sala de espera en el aeropuerto donde nos tuvieron incomunicados durante diez horas. Pasada una hora del encierro entró un hombre uniformado para comunicarnos que Fidel Castro nos extendía una invitación para pasear por la ciudad en un bus con todas las facilidades. El comandante de la tripulación se negó aduciendo que el Perú, en aquel entonces, no mantenía relaciones diplomáticas con la isla y aseverando que de aquella ventana no se movería para no quitarle los ojos de encima a su avión. Ahí nos dieron de comer y nos dijeron que tendríamos que esperar hasta que llegase el dinero del rescate, que en realidad era el cobro que nos estaban exigiendo por utilizar el espacio aéreo cubano y sus instalaciones aeroportuarias. Luego de un rato nos bajaron a otra sala más pequeña donde otros militares nos interrogaron, uno por uno, preguntándonos sobre lo que habíamos visto, lo que habíamos escuchado, lo que habíamos hecho y hasta lo que habíamos pensado. Asimismo nos tomaron humillantes fotografías como se suele hacer con los presos: de frente y de perfil. Luego de varias horas de interrogatorio nos hicieron entrega de unos ejemplares del diario de la revolución, algunos habanos para fumar y vasos con zumo de naranja.

Costó doscientos mil dólares salir de Cuba. A la aerolínea le cobraron hasta el aire que respiramos ahí en La Habana. Para recabar el dinero la compañía, que no se encontraba en su mejor momento financiero, recibió la ayuda económica del gobierno mexicano. Cuando finalmente nos dejaron ir, los militares nos despidieron, a los pies de la escalera que subía al avión, agitando las manos en el aire como si fuésemos familiares o amigos. En el vuelo de regreso tuvimos que hacer escala nuevamente en Guayaquil para recoger al pasaje. Los sesenta y nueve pasajeros subieron a bordo muy contentos y emocionados por la manera especial en que les habían tratado en Ecuador. Al parecer, les habían alojado en un hotel de lujo y dado todas las comodidades del caso debido a la cruda experiencia por la que habían tenido que pasar. Recuerdo que, a mí, tanta alegría me pareció una falta total de sensibilidad para con la tripulación por la desconsideración que mostraban hacia el sufrimiento que a nosotros nos tocó vivir. Incluso los hubo quienes seguían recordando los eventos con una sonrisa en la cara, como aquel pasajero que se ufanaba de haber intentado cambiarle el arma a uno de los atacantes por una radio portátil que llevaba consigo. Ahí en Guayaquil, antes de partir, también subieron a saludarnos los tripulantes de otra aerolínea peruana, muy contentos por la feliz resolución del problema y mostrándose muy cariñosos y solidarios con nosotros.

Cuando llegamos a Lima nos recibieron como a héroes. Había decenas de periodistas y fotógrafos en el aeropuerto pugnando por sacarnos declaraciones y tomarnos las mejores fotos. El reencuentro con nuestras familias fue de lo más emotivo; una lluvia de abrazos y lágrimas expresaba la angustia que habíamos sufrido todos imaginando que tal vez no volveríamos a vernos las caras. La aerolínea no quiso hacer declaraciones oficiales al respecto y todas las entrevistas individuales que hicimos con la prensa fueron dirigidas por la compañía en un afán por mantener una imagen inmaculada ante la opinión pública sobre la forma en que se había manejado todo el asunto. La noticia del secuestro apareció al día siguiente en todas las portadas del país y durante varios días siguió siendo tema de conversación y análisis en programas de televisión, columnas periodísticas y reuniones sociales de toda clase. En varias ocasiones fuimos citados a prestar declaración en la comisaría de la Policía de Investigación, pero nosotros siempre procuramos ser lo menos escandalosos posibles, tratando de mantener un perfil bajo para así evitarnos más problemas.

Con el tiempo, a algunas personas se les ha ocurrido especular con la idea de que tal vez aquellos hombres que secuestraron el avión, quienes parecían bolivianos por el acento y por la pinta, podían haber estado relacionados con la muerte del Che Guevara, la cual había ocurrido sólo unos meses antes durante un combate guerrillero en el altiplano. Asimismo existía el rumor de que aquello podría haber sido gestado incluso por el propio líder de la revolución cubana. Pero ésas son solamente hipótesis sin fundamento. Yo, sin ánimos de elucubrar más teorías de conspiración, simplemente me hallo feliz de poder estar aquí, hoy en día, disfrutando de la vida y narrando una vez más los detalles de esta escabrosa pero intrigante historia que hace cuarenta años me tocó protagonizar. Después de todo, nadie me quita lo bailado.

Juan Carlos, 40 años

Se crió en Las Palmas de Gran Canaria y estudió la carrera de traducción en Granada, pero a falta de mejores prospectos profesionales, al enterarse de una convocatoria para trabajar en una compañía aérea, decidió mudarse a vivir a Palma de Mallorca en el año 1990 donde comenzó a volar en vuelos charter alrededor de Europa. Dos años después, se incorporó a la flota de una de las mayores aerolíneas del mundo, tiempo durante el cual conoció lo que es verdaderamente el glamour de la vida del auxiliar de vuelo y, asimismo, pudo comprobar los efectos de la guerra en el Medio Oriente. Desde el año 1996 vive en la ciudad de Vancouver trabajando para la aerolínea de bandera de ese país.

Siempre sentí fascinación por el mundo de la aviación. Aunque nací en el país de mi madre, Inglaterra, me crié desde pequeño en el lugar de mi padre, Las Palmas de Gran Canaria. Creo que desde pequeño siempre relacioné a los aviones con la libertad. Cuando vives en la periferia, de algún modo habita en tu interior una sensación constante de lejanía, de aislamiento. Entonces, cuando avistaba un avión surcando los cielos despejados del archipiélago crecía en mí ese anhelo de libertad, me seducía la posibilidad de salir de la isla y poder conectar con el mundo. Creo que fue por ahí donde empezó todo.

Dejé las costas canarias a los diecinueve años para entrar en la Universidad de Granada donde estudiaría la carrera de traducción. Luego de terminar el bachillerato empecé a evaluar mis opciones en el mercado laboral pero éstas terminaron siendo muy desalentadoras. Me enteré por un anuncio de que una aerolínea convocaba candidatos para trabajar como tripulantes y como siempre tuve la curiosidad sobre ese estilo de vida y también me hallaba en la necesidad de comenzar a ganar dinero, me presenté a una entrevista que aprobé sin dificultad y, entonces, abandoné la península para mudarme a Mallorca y comenzar a volar. Resulta irónico pero la verdad es que cambié una isla por otra, aunque cabe recalcar que la segunda estaba más integrada al mundo y era la que me brindaba la oportunidad de conocerlo.

La compañía se caracterizaba por hacer vuelos *charter*. Desde el principio tuve base en el archipiélago balear realizando trayectos bastante cortos haciendo de tres a cinco saltos nacionales o internacionales, como por ejemplo un Palma–Zurich–Ibiza–Valencia–Roma–Palma. Pero luego también comencé a tener base en Gran Canaria desde donde se efectuaban vuelos mucho más largos de hasta siete horas de duración con destino a Escandinavia, Alemania e Italia. También se llevaban a cabo los llamados saltitos insulares que aunaban la ciudad de Las Palmas con Tenerife, las Islas Marianas y Lanzarote, repitiendo escala en la capital canaria antes de volver a la base. Estos eran días largos y tediosos ya que por la escasa cantidad de horas efectivas de vuelo no eran muy productivos.

La verdad es que yo no estaba muy a gusto en esa aerolínea, se trabajaban muchas horas y las condiciones laborales dejaban mucho que desear. No había convenio colectivo ni representación sindical. Además, como suele suceder en muchas aerolíneas españolas, los contratos que te hacen tienen una duración de seis meses y sólo te los renuevan por seis meses más luego de un plazo intermedio de medio año, y así hasta por un periodo máximo de tres años. Pero en esta compañía nunca podías tener la seguridad de que te volvieran a coger pasados los seis meses, ya que al final de ese periodo cabía la posibilidad de que al retornar de tus vacaciones, y sin previo aviso, no te renovaran el contrato. Asimismo, no me sentía a gusto con algunas de las funciones que nos obligaban a cumplir. Al finalizar cada vuelo teníamos que limpiar los bolsillos de los asientos y las fundas de las cabeceras, tarea que con más lógica otras aerolíneas encargan en tierra a su personal de mantenimiento. Llegado un punto, simplemente me di cuenta de que la empresa no me estaba dando el trabajo que yo quería: no me ofrecía vuelos hacia destinos interesantes, no me permitía estancias en lugares atractivos, no me brindaba la seguridad de un futuro estable y me obligaba a cambiar de base cada temporada, lo cual me resultaba demasiado inconveniente.

Sabiendo que para mí no había futuro ahí y considerando la poca honestidad que mostraron conmigo, al cabo de un año abandoné la empresa y me dirigí a Dublín donde encontré la oportunidad para continuar con mi carrera profesional. Irlanda era en ese entonces una de las principales sedes de la lingüística en Europa, y las opciones laborales para un joven traductor como yo florecían por donde se buscase. Transcurría el año 1991 cuando llegué a esa parte del mundo pero no pasó mucho tiempo más antes de que me diese cuenta de que el trabajo de oficina, con su rutina diaria y ambiente asfixiante, me resultaba verdaderamente infumable. Incluso descubrí que la traducción tampoco era lo mío, al menos no en ese sistema de trabajo que era demasiado técnico y cuyo aprendizaje se me hizo sobremanera estresante. Nunca consideré la opción de regresar al mundo de la aviación, cuando dejé mi primera aerolínea supuse que ese trabajo no lo volvería a desempeñar, pero al ver un domingo el anuncio publicado en prensa de una reputada compañía del Medio Oriente mis ideas se trastocaron y la ilusión por volar comenzó a resurgir. Ocho meses después de arribar a Dublín abandoné los aires fríos del norte para mudarme, una vez más, a los calurosos parajes del desierto pérsico con rumbo a la ciudad de Dubai.

Las cosas, a nivel profesional, se presentaron muy diferentes en los emiratos a como lo fueron en las islas Baleares. Para empezar la aerolínea era mucho más grande e importante, los servicios que ofrecía ostentaban una calidad muy superior, el salario que proponía —libre de impuestos— era cuatro veces mayor, y las condiciones de trabajo eran realmente estupendas: un paquete que incluía piso con servicio de limpieza de tres veces por semana, seguro médico y dental, transporte gratuito al lugar de trabajo y un billete anual confirmado para volver de vacaciones a Las Palmas. De igual manera, era un rincón del mundo del que había oído hablar muy poco y al que nunca soñé con visitar, mucho menos trasladar mi residencia, pero me brindó la oportunidad de visitar todos esos exóticos lugares que antes sólo había visto en las páginas de un atlas. Entre ellos, pude gozar de estancias de hasta cinco días en ciudades tan fascinantes y disímiles como Bangkok, Hong Kong, Frankfurt, Singapur, Manchester, Colombo, Dhaka, Zurich e Islamabad.

Recuerdo la dificultad que tuve para decirle a mis padres que había decidido mudarme al Medio Oriente tan sólo unos meses después de que hubiese acabado la primera guerra del golfo. Sabía que temerían por mi bienestar considerando el peligro que implicaba vivir en una zona tan belicosa, pero la oportunidad que se presentó se me antojaba demasiado apetecible como para dejarla pasar. También recuerdo lo graciosa que me pareció la entrevista que me hicieron para acceder al puesto de tripulante con dicha empresa. Las preguntas, aunque francas en apariencia, eran de lo más indirectas buscando sacar de soslayo cierta información que pudieran inferir de mis respuestas y que ellos necesitaban confirmar. Por ejemplo me cuestionaron sobre mi disposición para vivir en un país islámico y quisieron saber si tenía conciencia de cómo eso impactaría mi vida personal. También me preguntaron en reiteradas ocasiones sobre mi vida amorosa, si tenía novia o si estaba casado, si convivía con mi pareja, si estaba enamorado y sobre otro tipo de detalles íntimos de mis relaciones con las mujeres. Yo, en aquella época, aún no había salido del armario; digamos que todavía no estaba preparado para reconocer mi condición homosexual ante el mundo, pero inmediatamente logré detectar por dónde era que estaba conduciendo el interrogatorio mi entrevistador y, entonces, me inventé un montón de mentiras que a él terminaron por satisfacerle y a mí por conseguir el trabajo. En los emiratos la homosexualidad está considerada como una práctica ilegal, así que si me hubiese descubierto no me hubiesen contratado.

Estuve un año y medio volando con esa compañía y fue en aquella época cuando realmente pude disfrutar de lo que se conocía como el glamour de la vida del tripulante. En cada ciudad donde teníamos unos días de estancia, la aerolínea nos hospedaba en los hoteles de cinco estrellas más lujosos, además de pagarnos unos viáticos diarios nada desdeñables. Viajando por estos magníficos rincones tuve la oportunidad de hacer turismo, frecuentar los mejores restaurantes y discotecas, comprarme artículos de todo tipo que en otras latitudes no se encontrarían y vivir sintiendo que tenía el mundo a mis pies. Por ejemplo, en Sri Lanka nos íbamos con otros compañeros de excursión por la selva o a visitar templos en el corazón de la isla o a descubrir los encantos silvestres de un refugio de elefantes. En Bangkok se comía exquisitamente y la gente se llegaba a gastar cientos de euros en compras, con una especial predilección por las confecciones de seda. Muchos compañeros aprovechaban esta ciudad para regalarse sublimes sesiones de relajación y masajes en los mejores *spas* del país, así como también se daba rienda suelta al hedonismo y las ansias de marcha en las impresionantes discotecas de la capital, tan *kitsch* como sus abarrotadas calles.

Por otro lado, había sitios donde lo más prudente era permanecer en el hotel como, por ejemplo, Karachi en Pakistán, o Dhaka en Bangladesh. En la primera ciudad recuerdo que, sorteando el peligro de su vida marginal, un colega y yo cogimos un taxi y nos fuimos a buscar un gramófono y un juego de ajedrez hecho con piezas de ónix, sólo para regresar inmediatamente después al hotel y encerrarnos durante el resto de la estadía a escuchar vinilos antiguos y a poner en jaque a nuestros reyes de cuarzo. En Dhaka la pobreza era inconmensurable y no había nada para hacer o visitar. Las pistas eran de tierra y no tenían aceras. El hotel donde nos alojábamos era un lujoso complejo que se ubicaba al lado de una ribera junto a la cual también había una choza de madera cayéndose a pedazos. Era como un oasis de la ostentación construido en medio de un desierto de miseria e infelicidad.

Entre las cosas que más me impresionaron durante el tiempo que estuve volando para la compañía basada en Dubai, debería mencionar los efectos de la guerra que desde la cabina del avión pude observar en diferentes países árabes. Recuerdo que en esos tiempos existía el rumor de que la embajada del Reino Unido había advertido que no viajaran al Líbano los tripulantes que portaban pasaporte británico puesto que, de darse un fallo mecánico que obligara a la aeronave a permanecer en tierra, ellos no podrían dar garantías sobre la seguridad de sus ciudadanos. La aerolínea programó sus vuelos de tal manera que ningún tripulante británico viajase a Beirut, pero en determinado momento y por cosas del destino a mí me tocó ir. Siendo inglés de nacimiento, viajé rumbo al Líbano con un miedo atroz en el cuerpo y cuando el avión empezó a hacer el descenso miré por la ventanilla y me encontré con aquella dramática imagen de un enorme estadio en ruinas, ese emblemático edificio que un año antes había sido destruido durante los enfrentamientos con el vecino país del sur y cuyos vestigios hoy conformaban para los libaneses un poderoso símbolo de la violencia en la que estaban sumidos. Desde aquella cabina, sobrevolando la ciudad, se podía ver el color grisáceo de las fachadas de las casas, no por falta de pintura sino por el destrozo ocasionado por los bombardeos. Había interrupciones por todas las calles debido a los escombros de los edificios derrumbados. Cuando aterrizamos llegamos a un descampado en el que se podían distinguir los hierbajos creciendo alrededor de la pista de aterrizaje. También, por una cuestión de seguridad y con el objetivo de que nadie llegase al avión, estuvimos estacionados en un rincón bastante alejado de la terminal del aeropuerto y completamente rodeados por miembros del ejército local armados hasta los dientes. La razón de ser de tanta cautela tenía su origen en la frecuencia con la que se secuestraron líneas comerciales en dicho país durante las décadas del setenta y del ochenta. Esta visión me impactó muchísimo ya que aquella constituyó mi primera presencia en una zona de conflicto. Cuando llegas a un lugar como ése y percibes la realidad en la que otros pueblos viven, te das cuenta de que todo lo que lees en la prensa comienza a cobrar mayor sentido porque se vuelve más tangible. Conversando con los pasajeros durante el vuelo pude descubrir que muchos de ellos regresaban después de largos exilios portando toda clase de ítems con los que intentarían ayudar a sus familias, desde comestibles y ropas, hasta menaje de cocina, libros y edredones. Historias realmente trágicas.

Pero las imágenes más asombrosas de la guerra, que por su espectacularidad y crudeza parecían sacadas de una producción fílmica norteamericana, las pude ver mientras sobrevolaba el territorio de Kuwait pocos meses después de que se retirasen las tropas iraquíes. Un desierto cubierto de arenas negras emanaba columnas de humo de los yacimientos petrolíferos extinguidos y, a la distancia, podía observarse de fondo el impactante cuadro de los pozos incendiados escupiendo flamas de fuego que parecían querer devorarse las nubes. El color sombrío del cielo sólo conseguía dar una cara más lúgubre a la imagen de este país sacudido por la violencia y parecía tener la intención de prolongar en los corazones kuwaitíes el sentimiento de angustia y abatimiento causado por la invasión. Cuando llegamos al aeropuerto me quedé de piedra al ver las innumerables huellas del terror esculpidas en un muro abaleado hasta la saciedad. La presencia de los andamios colocados sobre las paredes del edificio hacía presagiar que los rastros de la guerra se borrarían con rapidez, pero con sorprendente diligencia en poco más de medio año el aeropuerto ya había sido completamente remodelado y del conflicto no quedaba nada, mas allá de los recuerdos, que lo permitiese evocar.

Durante y después de la guerra del golfo, la cual había acabado nueve meses antes de que yo me mudase a la zona, los aviones norteamericanos utilizaban la ciudad de Dubai como base para repostar combustible. La presencia del ejército estadounidense en mi nuevo hogar era muy notoria por donde se transitase. Si veía a un sujeto de ocho metros cuadrados caminando por la calle sabía que venía del portaviones y que era soldado yanqui. Las tiendas de fotografía, en vez de las clásicas postales turísticas, vendían postales que reproducían las imágenes de la guerra. Sucedía que siendo Dubai el primer puerto en el que encallaban los militares americanos, éstos dejaban ahí los carretes de sus cámaras para ser revelados y los dueños de dichos laboratorios, viendo la oportunidad de hacer un negocio diferente, se quedaban con las copias de los negativos para elaborar esas tétricas imágenes fotografiadas en Kuwait y que, entre otras atrocidades, mostraban a un pájaro embadurnado de petróleo, un cadáver calcinado, o a un niño llorando sobre el cuerpo inerte de sus padres.

En aquella época también volábamos a Teherán. Aquellos vuelos eran muy diferentes a los que hacíamos al resto del Medio Oriente. En las oficinas de Dubai hacíamos un *briefing* que nos preparaba para la realidad a la que íbamos a ingresar en territorio iraní. Ante la posibilidad de que tuviésemos que bajarnos en Irán estábamos obligados a llevar siempre una maleta con ocho *abayas*, que son los vestidos tradicionales que deben usar las mujeres islámicas para cubrir todo su cuerpo salvo cabeza, manos y pies. Antes de llegar al aeropuerto de Bandar Abbas las tripulantes femeninas tenían que desmaquillarse y quitarse el esmalte de uñas, y si se daba el improbable caso de que la aeronave tuviese que permanecer en el país, antes de salir del avión debían ataviarse con las túnicas negras que portábamos desde Dubai. Con el objetivo de que se mantuviesen fuera de la vista del personal masculino del aeropuerto, las azafatas no podían siquiera asomarse por las ventanas ni quedarse de pie en la puerta despidiendo al pasaje. En teoría, para nosotros los hombres las cosas eran distintas, aunque en la práctica también nos estuviese terminantemente prohibido descender del avión. Recuerdo haber aprendido esa lección por las malas una tarde en que, intentando ayudar en el *finger* a una señora que cargaba varios bultos además de un niño muy pequeño, un soldado, metralleta en mano, me amenazó con fiereza para que retornase a la cabina. Yo procuré demostrarle al rabioso guardia que lo único que pretendía era abrir el cochecito del bebé para aliviar a la pobre mujer que no daba abasto con sus dos manos, pero el sujeto siguió aproximándose hacia mí gritando a voz en cuello una inextricable retahíla de frases que por su tono severo me permitió intuir lo poco que le importaba a él mi altruismo y cuán factible se avizoraba un entierro mío en Persia si es que no abandonaba a la señora de los bultos y corría hacia el avión. La imagen imponente del Ayatollah Khomeini plasmada en la pared del aeropuerto detrás del soldado sólo colaboraba con infligirme más respeto y miedo ante la situación en que me hallaba. El hombre armado siguió dando gritos, me empujó en dirección al avión y cogió bruscamente a la mujer del brazo llevándosela hacia la terminal mientras hacía rodar los bultos a patadas. Yo me quedé con los nervios hechos trizas y al mirar a través de las ventanillas de la cabina pude divisar en tierra a un grupo de nueve o diez soldados acorralando el avión sujetando sus respectivas ametralladoras. Hasta el día de hoy recuerdo vivamente la experiencia y lo mucho que me afectó la falta de humanidad que mostró aquel individuo en su trato con la madre, sobre todo considerando que ella cargaba en brazos a una cría que no superaba los dos años de edad.

Habiendo experimentado en Dubai ya todo lo que había querido, las ciudades exóticas, el estilo de vida glamoroso y el engrose de mi cuenta bancaria, decidí dejar los Emiratos Árabes Unidos y me dirigí a Manchester, donde conseguí una plaza para revalidar mi título español en traducción con miras a opositar a un puesto en la sede de Bruselas de la Organización de las Naciones Unidas. Estuve durante un año en Inglaterra donde conocí a mi pareja quien se encontraba esperando la visa para poder emigrar a Canadá. Ni siquiera se me ocurrió la opción de mudarme con él al otro extremo del Atlántico, sobre todo porque después de regresar de Dubai no tenía la menor intención de volver a trasladarme hasta otro rincón perdido del mundo, pero como al cabo de un año nuestra relación aún se mantenía firme, pudo más el corazón que la razón y terminé empacando mis maletas para, una vez más, empezar desde cero en otro nuevo lugar.

En Vancouver estuve trabajando en cafeterías y restaurantes mientras procuraba, con poco éxito, conseguir un puesto en mi campo profesional. Al cabo de doce meses volví a Canarias de vacaciones y me di cuenta de que si no conseguía un trabajo en condiciones no tenía sentido alguno permanecer en dicha ciudad. Con veintiséis años y acostumbrado a un nivel de vida superior, para mí fue un choque tremendo a nivel profesional el no poder disfrutar de condiciones laborales como las que tuve antes en Irlanda, Dubai o Inglaterra. Retorné a Canadá decidido a cambiar el estado de las cosas y luego de dedicarme durante unos meses a dar clases de inglés a inmigrantes japoneses y coreanos, surgió la posibilidad de volver a trabajar en el mundo de la aviación cuando me encontré con otro anuncio en un diario que publicaba el interés de la aerolínea de bandera canadiense por reclutar auxiliares de vuelo que hablasen, además del inglés, español. No lo hice porque tuviese ganas incontrolables de volar nuevamente sino porque veía que las opciones laborales en el campo de la traducción eran exiguas, y sabiendo que aquella era en gran parte mi experiencia, que las condiciones de trabajo eran realmente buenas, que trabajando como tripulante podía recuperar mi nivel de vida antiguo y visitar Las Palmas a menudo, no me lo pensé más y me presenté a la convocatoria consiguiendo el puesto sin demora ni dificultad.

En Canadá, sin duda alguna, se trabaja mejor como tripulante que en Estados Unidos, pero el nivel del servicio y la atmósfera que rodea a todo lo que concierne a la aviación comercial deja mucho que desear si se les compara con aquello a lo que yo estaba acostumbrado en Dubai como auxiliar de vuelo, o incluso en Europa como un pasajero más. Por estos lares, si alguna vez existió, el glamour de volar desapareció hace mucho tiempo. En Norteamérica volar es casi lo mismo que coger un autobús, todo es más popular, no existe ningún tipo de finura, el pasajero prefiere un trato más campechano. Aquí a la gente le gusta que le den cacahuetes mientras que en Dubai servíamos champagne en las tres clases. En Canadá los tripulantes de cabina no sienten orgullo por el oficio que desempeñan, tienen bien asumido que nunca serán Singapore Airlines, Emirates o British. Con respecto al pasajero, las compañías norteamericanas sólo tienen un objetivo en la agenda: que la gente de negocios tenga sus puntos de viajero frecuente y que los clientes en general puedan gozar de sus vacaciones con viajes pagados por el mismo sistema de millas acumuladas. Todo aquí es tan frío y tan distante que a veces aún me dan escalofríos cuando me doy cuenta de lo rara y ajena que es la cultura en la que me he venido a meter.

Desde Vancouver los vuelos intercontinentales son horrendamente largos: nueve horas hasta Londres, trece hasta Hong Kong y quince hasta Sydney. Una pesadilla. Cuando viajamos a Australia las horas efectivas de vuelo llegan a treinta y toda la ruta dura casi tres días teniendo una estancia de veinticuatro horas para pernoctar y un encantador desfase de diecisiete horas en el medio para terminar de desacomodar tu reloj biológico.

Otra gran diferencia en mi vida de tripulante de cabina aquí con la que llevaba en el Medio Oriente es que allá, como vivíamos todos en un complejo residencial, los compañeros de la aerolínea nos juntábamos siempre para charlar o irnos de fiesta. Aquello parecía casi una residencia de estudiantes y las juergas que nos pegábamos eran tremendas. Aunque luego no nos viéramos durante tres semanas por las rotaciones laborales, ésa era tu familia. Aquí en Vancouver, los tripulantes llegan al destino y se encierran en sus habitaciones de hotel. No existe ningún tipo de camaradería ni cercanía entre los trabajadores de la empresa. Asimismo, las edades son muy disímiles entre la tripulación. En España y en los emiratos la mayoría de la gente con la que trabajé rondaba entre los veinte y los treinta, pero aquí en Canadá te puedes encontrar en un mismo trayecto con una persona que lleva medio año volando y otra que supera los cuarenta.

Siempre he pensado que cuando los pasajeros facturan sus maletas también facturan con ellas sus cabezas. Recuerdo cómo en un vuelo de Vancouver a Londres, cuatro horas después de haber despegado, había yo terminado con el servicio en cabina y de pronto se me acercó una pasajera y me preguntó:

—Perdone, ¿este vuelo va a Londres?

—No señora, este vuelo va a Honolulu —le respondí con un gesto de sorpresa para asustarla—. ¡Ay mi madre! Pero señora, ¿no debería haber preguntando esto antes?

Y es que a veces la gente viaja muy despistada.

Recuerdo otro vuelo en el que me vi obligado a intervenir en una situación un tanto incómoda impulsado por una azafata ultra religiosa, católica devota, que no podía soportar incluso que en la cabina se estuviese proyectando la película *The Birdcage*, traducida en España como *Una jaula de grillos*. Las referencias homosexuales incluidas en la inocua comedia, aparte de ofenderle, le parecían de mal gusto y poco apropiadas para el servicio de entretenimiento del vuelo. Sucedió que en la parte trasera del avión había una pareja de jóvenes que se estaban metiendo mano y que empezaban a molestar al pasajero que se encontraba sentado en el asiento contiguo. Yo no sabía qué hacer, nunca me había visto envuelto en una situación similar y hasta me daba un poco de corte ir a controlar el asunto. Cuando me enteré de que la nacionalidad del tercer pasajero era japonesa no apareció en mi cabeza otra imagen que no fuese la de una fiesta dionisiaca la que se habían montado los dos veinteañeros ahí al fondo de la cabina. Sabía bien que los orientales canadienses eran personas muy sosegadas que no acostumbraban a quejarse así por que sí. En el momento en que me aproximé al lugar de las pasiones revoltosas, el incomodado pasajero se hallaba en el lavabo y yo me encontré con un escote exuberante y con la cara del chico aplastada contra los senos de su novia, mientras aparentaban estar dormidos pero con plenas funciones manuales en acción. Ni siquiera tenían la decencia de llevar una manta encima que cubriese sus apetencias carnales. Les desperté entonces y, con mucha educación, les solicité que dejasen de publicitar sus libidinosos afectos. La chica del escote tremendo se arrebató y comenzó a argumentar que, como la pantalla de su asiento no funcionaba y estaban aburridos, no habían encontrado nada mejor que hacer. Dado que la razón a esas alturas ya había dejado de ser una herramienta útil, intenté persuadir a la pareja con el ofrecimiento de alcohol para que dejasen de incomodar al japonés y también a las tres señoras que viajaban en el bloque de asientos adyacente y que, sin preguntarles nada, participaban de la escena con un gesto desaprobatorio que confirmaba la flagrante impudicia de los amantes bandidos. Llegamos al acuerdo de que si lograban comportarse les haría entrega de unas cervezas al cabo de una hora pero, impaciente la chica del escote, pasados los diez minutos empezó a molestarme indagando por las cervezas prometidas. Siguió así durante media hora y cuando le informé de que por su necedad la oferta se había cancelado, ella se exaltó y comenzó a gritar en medio de la cabina con una chabacanería que no había visto en mi vida. Vociferaba que aquello era una vergüenza, puteaba y pataleaba, continuaba chillando toda clase de groserías y me amenazaba diciendo que su padre era policía. Yo le respondí con firmeza que si no se dejaba de malcriadeces probablemente terminaría viendo a su padre en la comisaría a la que le llevarían una vez que le denunciase por realizar actos inmorales en un espacio público. Finalmente, la chica del escote se calmó y el vuelo pudo continuar sin mayores contratiempos. Sólo tuve que soportar, durante el resto de la película, las quejas absurdas de la fanática azafata que seguía comiéndome la oreja diciendo que ese estilo de vida no se debería publicitar ni ahí ni en la China.

La historia más cómica y ridícula que me tocó protagonizar durante mis años de auxiliar de vuelo sucedió en mi primera aerolínea a los seis meses de iniciarme en el oficio. El día del vuelo se me pegaron las sabanas y al levantarme de la cama me di con la sorpresa de que llegaba tardísimo al trabajo. Llamé a un taxi y bajé de casa sólo con los pantalones puestos, llevando el resto del uniforme en una bolsa para vestirme camino del aeropuerto. Yo pensaba que me echaban, que ése era mi último día como tripulante de cabina. Cuando llegué a la oficina para atender el *briefing* ninguno de mis compañeros estaba allí, puesto que la tripulación ya había sido recogida por el bus que nos llevaba siempre al avión. Calculando los treinta minutos que tardaría en reunirme con mis compañeros, yo seguía imaginando que ése sería el fin de mi carrera. Alborotado y transpirando como un maratonista, llegué a las puertas del avión y descubrí que ya todo el pasaje se había embarcado. Me acerqué temeroso al comandante y le pedí mil disculpas por mi retraso. Éste era un vuelo de múltiples trayectos: salía de Palma rumbo a Zurich y luego pasaba por Ibiza, Valencia y Roma antes de retornar a Mallorca nuevamente. Nervioso aún y consciente de mi grave falta me disculpaba constantemente con la sobrecargo. Estaba verdaderamente preocupado y, como había salido tan apurado de casa, también estaba en ayunas, lo cual colaboró con alterar más mi estado de ánimo. Cuando llegamos a Ibiza todos los pasajeros se habían bajado del avión salvo una mujer que viajaba con un montón de equipaje de mano y con dos niños pequeños. Desesperado, me fui al final de la cabina y cogí en brazos a la niña de dos años y me la llevé hacia la puerta de salida con el objetivo de ayudar a la mujer y acelerar el final del desembarque. Al salir de la cabina y poner el primer pie en la escalerilla del avión, se me despegó el talón del zapato y, elevándome en el aire, caí con la criatura en brazos desde allá arriba pegándome, escalón por escalón, todo el camino hasta llegar el suelo. Por fortuna que, cuando se deslizó mi zapato, el movimiento me hizo caer hacia atrás y resbalar de espaldas, con lo cual la chiquilla quedó protegida por mi cuerpo de los porrazos contra la estructura de metal. Recuerdo claramente los gritos alarmados del pasaje que llegó a presenciar la escena desde su ubicación en el bus. No pudiendo frenar mi caída ni hacer nada para evitar el descalabro por tener cogida a la niña dándome la cara, cuando aterricé en el suelo quedé desparramado con un pie mirando al norte y el otro al sur. Con mucho cuidado, separé a la pequeña de mi pecho y la coloqué de pie junto a mí. Ella quedó clavándome sus ojitos pardos con una mirada intensa y dos segundos después abrió la boca y dejó escapar un llanto descomunal. No había dicho ni pío durante la caída, pero del susto acumulado no se recuperó fácilmente. La madre, que había tardado un siglo en salir de la cabina, al oír el grito de su hija apareció en una centésima de segundo al lado de mi cuerpo descuajeringado y, sin prestarme más atención, cogió a la niña y se metió en el bus. Un integrante del personal de tierra se me acercó:

—Creo que esto es tuyo —dijo intentando contener la risa y haciéndome entrega del talón que había salido volando por los aires poco antes de que también lo hiciera yo.

—Parece que hoy no es tu día —comentó el comandante que al ver la escena había bajado del avión para verificar mi estado.

Cuando me levanté del suelo me di cuenta de que tenía un gran agujero en la rodilla que sangraba con cierta abundancia. La jefa de cabina me preguntó si deseaba ir al médico pero, teniendo el cargo de consciencia de haber llegado tarde, le confirmé que no era nada de cuidado y que sin problema alguno continuaría con la ruta hacia Valencia, Roma y Palma. El vuelo de Ibiza a Valencia estaba casi vacío, así que aproveché durante esa hora para limpiarme la herida, ponerme un esparadrapo y pintar sobre él con un rotulador azul para intentar camuflar el enorme hueco que le había hecho al pantalón. No quedó perfecto pero al menos el agujero estaba más disimulado. Llegamos a Valencia donde tuvimos dos horas para comer. Cuando caminaba con mis compañeros por el aeropuerto buscando un lugar de comida, cojeando por la ausencia de un talón y magullado por el hueco en la rodilla, al pasar al lado de una tripulación de otra aerolínea española más importante escuché un comentario referido a mí en tono de mofa:

—Hay que ver, ¡las compañías *charter* ya contratan a cualquiera!

De Valencia hicimos el vuelo a Roma con un pasaje compuesto en su mayoría por miembros de una congregación religiosa. El guía del grupo se me acercó y me preguntó si era posible dirigir una oración por el altavoz. Pensando que rezaría un breve Padre Nuestro le di permiso y me fui hacia el *galley* trasero. Cuando me di la vuelta, el guía tenía a un compañero suyo empuñando una guitarra, bien acomodado en el trasportín y dando rienda suelta a una entusiasmada canción de alabanza a Dios. El resto de la congregación, embriagado por la melodía, seguía el rezo con las manos levantadas, aplaudiendo e intentando cantar al unísono. Yo, ya sin mucho que hacer, continué mi camino hacia la parte posterior del avión y me tiré sobre los contenedores atacado de la risa. Y mientras tanto, las comidas se enfriaban, el pasaje se enfervorizaba más con cada acorde y yo me seguía descojonando. Entonces, se pudo escuchar por el interfono, y en un segundo plano, la voz de la jefa de cabina avisando:

—Perdona que interrumpa tu canción tan bonita pero las comidas se están enfriando. Se puede querer mucho a Dios, pero tal vez es mejor si se hace con la barriga llena.

Ahí mismo se detuvieron los feligreses y sólo entonces nosotros pudimos comenzar con el servicio. Llegué a Mallorca reventado. Mi compañera de piso que esa misma mañana me había visto salir semidesnudo, me vio regresar por la noche con un zapato sin talón, cojeando, con un hueco en el pantalón y la rodilla agujereada. ¡Vaya odisea! De esta historia hace ya dieciocho años. No volví a coger a un bebé en brazos hasta hace un año en un avión.

3
Relatos insólitos e inverosímiles del mundo de la aviación recogidos en prensa e internet

Las historias narradas en este apartado, en su mayoría, forman parte de una realidad que acontece todos los días en aviones y aeropuertos alrededor del planeta. Muchos de estos eventos han llegado a cubrir las páginas de diarios, revistas y foros virtuales en Internet causando unas veces estupor, otras risa y, algunas cuantas más, incredulidad en quienes las leyeron. No cabe duda sobre la autenticidad de las noticias puesto que están sus propios protagonistas y testigos para corroborarlas. Ahora, sobre la veracidad de los relatos que se encuentran en el ciberespacio se podría hacer la siguiente reflexión: ¿Será que del mismo modo en que el refrán popular se cuestiona si la vida imita al arte o si es el arte el que imita a la vida, cabe entonces asegurar que, sea cual fuere la respuesta, en última instancia el resultado es el mismo? Los hechos que se describen acontecen en la realidad y luego se repiten en el imaginario colectivo transformándose en manifestaciones de la tradición oral más campechana. En el caso contrario, bastará saber que el hombre, como buen descendiente del simio, gusta de calcar lo que descubre a su alrededor y que, entonces, tarde o temprano terminará dando vida a la ficción. Sin embargo, en la mayoría de los casos queda patente con más claridad que el arte es creación del hombre y que las historias que circulan por ahí se desprenden de su experiencia. Sucede de igual manera con las leyendas urbanas y los chistes que se cuentan con el afán de asombrar y divertir a sus oyentes; al final resulta que todas éstas nacen de una extrapolación que se hace de la existencia humana. He aquí las más graciosas, extrañas y alucinantes.

Pilotos gandules

No es ningún secreto que varios de los accidentes que se dan en las carreteras suelen suceder por causa de un conductor somnoliento que, no pudiendo controlar el cansancio, cierra los ojos, suelta el volante y en lugar de sumergirse en el mundo de sus sueños termina sepultado a seis metros bajo tierra. Lo mismo pasa en muchos lugares con los chóferes de autobuses y camiones que ponen en peligro no sólo sus propias vidas sino las de sus pasajeros y otros viajantes. Felizmente, esta contingencia no puede ocurrir en el mundo de la aviación gracias a la providencial existencia del piloto automático. Para muestra, un botón.

El pasado 22 de febrero de 2008 apareció una noticia publicada por la cadena CNN informando sobre la suspensión que efectuó la aerolínea de bajo coste norteamericana Go! sobre las funciones de dos de sus pilotos, quienes presuntamente se quedaron dormidos durante un vuelo que enlazaba las ciudades de Honolulu e Hilo en el archipiélago de Hawai. El 13 de febrero del presente año el vuelo 1002 de Go! estaba programado para aterrizar a las 10:05 de la mañana en el aeropuerto de Hilo, pero en lugar de realizar el descenso, éste se pasó de largo y continuó su trayectoria con dirección al mar recorriendo una distancia de 30 kilómetros. Mientras se aproximaba a su punto de destino, los controladores aéreos intentaron contactar con los pilotos de la nave por un lapso de 25 minutos, pero no obtuvieron respuesta alguna. La Administración Federal de Aviación de Estados Unidos inició una investigación con el propósito de dilucidar las circunstancias bajo las cuales se dio el vuelo y determinar si los pilotos efectivamente se quedaron dormidos o si existió un problema técnico, basando sus averiguaciones en los registros de la caja negra del avión. ¡Gracias a Dios del piloto automático!

¡Escorpión a bordo!

Historias sobre la presencia en un avión de las más peligrosas criaturas, como serpientes y tarántulas, aterrorizando a los inadvertidos pasajeros, se han podido ver por montones en las producciones cinematográficas de Hollywood. Pero en algunos casos, los relatos de la ficción traspasan a la realidad.

En un vuelo de Iberia que viajaba el 23 de septiembre de 2007 desde San José de Costa Rica hacia Madrid, un pasajero sufrió las dolorosas picaduras de un escorpión que se coló a bordo y caminaba a sus anchas por la cabina de la aeronave. Durante el viaje, alrededor de las diez de la mañana, el hombre comenzó a quejarse de ciertas molestias comentando la sensación de tener el estómago revuelto. Gracias a la presencia de un médico entre los pasajeros la víctima pudo ser atendida de inmediato, pero dado el alto riesgo del incidente, el comandante dio aviso a los servicios médicos de Barajas para que diesen auxilio al hombre a su llegada. A pesar del peligro inminente, el pánico no cundió en la cabina puesto que se llegó a informar al pasaje de que el animal había sido capturado y aniquilado. Una vez en tierra, éste fue puesto a disposición del Servicio de Protección de la Naturaleza (SEPRONA) para su estudio, luego de lo cual, dicho organismo ordenó la exhaustiva limpieza y desinfección de la cabina para evitar cualquier clase de repercusión a nivel sanitario. Por su parte, el hombre afectado pudo regresar a su casa por cuenta propia después de que le suministraron los medicamentos pertinentes en el aeropuerto madrileño. A pesar de que el bicho le picó en el hombro y en el dedo, lo único que se le notaba eran los labios ligeramente hinchados. Vaya manera de terminar unas vacaciones en el paraíso.

Pasarela sobre las nubes

A falta de mejores métodos de entretenimiento a bordo (salvo las películas de cine, no hay mucho más que las aerolíneas hayan introducido como divertimento en sus vuelos), una compañía ecuatoriana llamada Ícaro ha tenido la peculiar pero brillante idea de implementar un espectáculo de moda en la ruta que une las ciudades de Quito y Guayaquil en tan sólo 45 minutos. En el mes de junio del año pasado, los pasajeros del vuelo 924 de dicha aerolínea se vieron sorprendidos, de pronto, cuando cuatro modelos colombianas comenzaron a desfilar por el pasillo del avión en ropa interior y en bikini. La temperatura en la cabina se elevó gracias a los cuerpos esculturales de las chicas que convirtieron el mencionado vuelo en una improvisada pasarela. Tal vez ésta no tuvo la espectacularidad de los *fashion shows* de Milán, Madrid o Nueva York, pero sin duda alguna concitó el interés tanto de los propios testigos como de la prensa internacional, que envió a los mejores fotógrafos a iluminar la cabina con sus *flashes* y luego reprodujo la noticia con asombro y entusiasmo. Los directivos de la empresa llegaron a la conclusión de que, siendo largos y tediosos los viajes aéreos, la mejor solución para amenizar sus vuelos y captar más clientes sería la realización diaria de un evento bautizado como *Sky Fashion*, en el cual durante diez minutos saldrían bellas féminas a deleitar a los pasajeros de su vuelo más popular. La idea está teniendo muy buena acogida entre el público ecuatoriano que se muestra satisfecho por la agradable sorpresa y por lo corto que se le hace ahora el acostumbrado viaje. En un principio sólo desfilaban chicas, pero atendiendo las demandas del sector femenino se está contemplando la posibilidad de incluir modelos masculinos en la función.

Viajando con Hannibal Lecter

Uno de los peligros de los auxiliares de vuelo, como hemos visto a lo largo de las páginas de este libro, es tratar de contener los excesos de alcohol de los pasajeros. En un vuelo de Madrid a Quito con la compañía Iberia, un ciudadano de nacionalidad suiza que viajaba en primera clase y portaba pasaporte diplomático comenzó a beber de manera descontrolada. La sobrecargo, ante los gritos, patadas y el comportamiento extraño de aquel hombre, trató de hacerle comprender las molestias que estaba provocando a sus compañeros de cabina. Tal vez motivado por la combinación del alcohol con algún estupefaciente, el pasajero montó en cólera y propinó un puñetazo a la joven auxiliar de vuelo. Ante la sorpresa de los viajeros de primera clase varios compañeros de la azafata agredida inmovilizaron al agresor atándole en su asiento con la ayuda de cinta aislante. Con las manos y los pies atados, el diplomático permanecía inmóvil y una de las azafatas, en un gesto de buena voluntad, procedió a refrescarle la frente. En ese momento, como si de un Hannibal Lecter en *El silencio de los corderos* se tratara, el suizo abrió sus mandíbulas y mordió los dedos de la mano de la azafata apretando con fuerza y provocando un chorreo de sangre. Cuando el avión llegó a Quitó un cirujano plástico tuvo que intervenir de urgencia a la azafata para salvarle las falanges de los dedos. La compañía recibió como indemnización más de treinta mil euros por los desperfectos causados en la cabina de primera clase.

Una situación pegajosa

El 17 de marzo de 2008, Centava Dozier, una mujer de 21 años y oriunda de Texas, entabló una demanda por doscientos mil dólares contra American Airlines por una situación seminal que le puso los pelos de punta. Su denuncia acusa a los auxiliares de vuelo por una presunta negligencia a la hora de actuar en respuesta a sus gritos de auxilio, una vez que ésta se despertó en su asiento y se encontró con un hombre que la miraba fijamente y se masturbaba a su lado, para luego descubrir los restos de la eyaculación en sus cabellos. La víctima del grotesco agravio, el cual le aconteció durante un vuelo de la compañía que viajaba de Dallas a Los Ángeles, consideró también que la tripulación del avión era responsable de patrullar la cabina y de tomar acciones cuando el lascivo atacante se cambió de asiento para ubicarse en la misma fila que ella mientras dormía. La chica aseguró que al despertar y encontrarse con el pene a su costado y con el semen en su cabeza se puso a gritar y a llorar pero que ninguno de los tripulantes de cabina hizo nada por defenderla. Solamente un buen samaritano que viajaba en un asiento cercano se apiadó de ella y la consoló. Al pasajero pajillero le esperaba la policía al llegar a California donde fue apresado y llevado en custodia a la comisaría local. Es casi seguro que ésta sea la primera vez que la chica experimenta un sueño húmedo de esa naturaleza. A raíz del pegajoso incidente la chica ha cobrado un estatus de celebridad en los Estados Unidos. Tal vez, si los tribunales desestiman su demanda y ella se queda sin la pasta, aproveche los quince minutos de fama que le quedan para empezar una campaña que imprima camisetas con un logo que diga: ¡No a las poluciones nocturnas libertinas!

Exabruptos

En un foro de Internet especializado en el mundo de los tripulantes de cabina se reproducen como verídicas las siguientes discusiones que se han dado en diferentes aeropuertos y vuelos españoles:

En la cabina de un avión, luego de una pequeña disputa entre un pasajero y una azafata, el hombre, ofuscado, dice:

—Oye niña, que antipática y desagradable eres.

A lo cual, con suma educación la azafata responde:

—Sin embargo, usted a mí me parece una bellísima persona, pero es posible que los dos estemos muy equivocados.

Durante un vuelo que partió de Madrid con destino a Frankfurt, uno de esos ejecutivos bien trajeados, de mediana edad y que llevan siempre ese aire de superioridad, bebía ingentes cantidades de alcohol y comenzaba a actuar con cierta desmesura. Una de las azafatas, notando los evidentes signos de su borrachera y las molestias que ésta le ocasionaba al resto de los pasajeros de la primera clase, decide cortarle el caño pero haciendo gala de los sutiles métodos de convencimiento que posee por naturaleza una mujer. En un principio éstos funcionan y el hombre acepta dejar de empinar el codo, pero al cabo de unos minutos vuelve a las andadas y continúa con el escándalo. De un momento a otro, el parroquiano intenta levantarse, se tambalea sobre su asiento y regando el contenido de su copa con cada aspaviento, grita:

—Señorita... vaya mierda de copa me ha servido. ¡Este whisky sabe a polla!

La azafata, ya harta de las impertinencias del individuo pero sin mostrar un ápice de ordinariez, le contesta con un tono muy amable:

—Lo siento mucho, señor. El whisky que sirve esta compañía es de la más alta calidad y a la vez es muy apreciado por nuestros pasajeros de primera clase. Tal vez lo del sabor se deba a que le está repitiendo algo que haya comido antes.

Un cliente le monta un pollo tremendo a la azafata del mostrador por un problema de *overbooking*. En medio del arduo enfrentamiento el sujeto le espeta a la trabajadora:

—Señorita, ¡¿no sabe usted con quién está hablando?!

Ella se vuelve hacia su compañera del mostrador contiguo y le dice:

—Mira Ana, otro gilipollas que no sabe ni cómo se llama.

En un vuelo nacional, un típico macho ibérico se está pavoneando delante de sus amigos.

—Señorita, por el precio que he pagado por este billete, ¿le puedo tocar el culo?

Ella, con suma dignidad y sin darse por ofendida, coge el billete y empieza a revisarlo hoja por hoja con mucha seriedad. Luego le entrega el billete con una sonrisa encantadora y le dice:

—Pues no, pero por este precio tiene derecho a que le dé por el culo el comandante.

Durante un vuelo la azafata se acerca a un hombre que despotrica visiblemente molesto:

—¡Estoy hasta los cojones de esta aerolínea! ¡Siempre me toca el mismo asiento, nunca puedo ver la película y como las ventanillas no tienen persiana tampoco puedo dormir porque me jode el sol!

Y la azafata, con el tono en que se calma a un niño engreído le responde:

—Ya, ya... deje de quejarse y aterrice de una vez, comandante.

El síndrome de la rabia aérea

José María Pérez Sastre, experto en Medicina Aeroespacial y miembro de los Servicios Médicos de Iberia ha explicado que las compañías aéreas han observado un incremento elevado de los casos del *síndrome de la rabia aérea* (ataques de rabia de los pasajeros) debido a la prohibición de fumar, a las restricciones en el equipaje de mano y el consumo de alcohol y drogas.

Respecto a esto, una azafata declaró hace unos años a un diario nacional que «muchos comandantes y sobrecargos no se implican lo suficiente por miedo a las consecuencias». Hacía referencia a la necesidad de poner freno al consumo de alcohol durante los vuelos. A una altura de más de 2.000 metros el consumo de bebidas alcohólicas puede provocar graves problemas de salud. Algunas compañías llegaron a plantearse, incluso, que los comandantes pudieran llevar esposas para inmovilizar a los pasajeros que se mostraran rebeldes en los vuelos. Un ejemplo, tuvo lugar en un vuelto de la compañía de bandera húngara que realizaba el trayecto Bangkok y Budapest. Entre el equipo de cabina y algunos pasajeros que viajaban en primera clase lograron inmovilizar a un pasajero que, debido a la ingesta, de alcohol estaba provocando un gran revuelo. Gritos, insultos, patadas, golpes. Cuando lograron reducirle, un médico que viajaba en aquel vuelo logró administrarle un tranquilizante. Las consecuencias fueron nefastas. El pasajero, inmovilizado en su asiento con cuerdas, murió de un ataque al corazón debido al cocktail en que se había convertido la ingesta de alcohol, drogas y el tranquilizante.

Pilotos conquistadores

Es cierto que los pilotos tienen fama de conquistadores y que muchos pasajeros consideran que las azafatas son dignas de cualquier deseo sexual por parte de la tripulación y el pasaje. Muchas azafatas cuentan que los pilotos son unos verdaderos galanes y conquistadores pero cada uno debe saber cuál es su lugar.

En un vuelo de Barcelona a Sevilla un piloto ya maduro se encontró con que el equipo de auxiliares de vuelto era bastante joven. A decir verdad la mayoría de las azafatas eran mujeres muy guapas, con cuerpos esculturales ceñidos por los uniformes ajustados con los colores de la compañía, piernas bonitas resaltadas por las minifaldas, cabello rubio y ojos que llamarían la atención de cualquier hombre. Cuando entraron con el tiempo designado antes del vuelo se presentaron al comandante del avión, que se quedó prendado por la belleza de aquellas mujeres. Unos minutos después del despegue, el comandante se dirigió a la tripulación:

«Señoras y señores pasajeros, les habla el comandante Javier K. Les doy la bienvenida al vuelo X con destino a Sevilla. El tiempo estimado de vuelo será de 1 hora y treinta y cinco minutos. La tripulación está integrada por el piloto Andrés K, la sobrecargo Elena K y la azafata Isabel K, ambas monísimas y con una clase de aupa. En la parte trasera del avión se encuentran las azafatas Andrea K y Raquel K, simpatiquísimas como buenas sevillanas y que también están de rechupete. En estos momentos, estamos volando a una altura de diez mil seiscientos pies, y esperamos tomar tierra en Sevilla a las 19.40 horas. Esperamos que su estancia a bordo sea lo más agradable posible. ¡Disfruten del viaje!».

El avión fantasma

Entre las páginas negras de la historia de la aviación comercial se encuentran algunas de las contingencias más temibles que pueden llegar a suceder durante un vuelo. Un ejemplo reciente se encuentra en el misterioso accidente, acaecido el 14 de agosto de 2005, que extinguió las vidas de las 121 personas que viajaban a bordo del vuelo 552 de Helios Airways, el cual terminó estrellándose a pocos kilómetros de su destino, la ciudad de Atenas. Aunque el misterio no ha sido completamente desvelado, la hipótesis más plausible esgrimida por los investigadores del suceso habla sobre una despresurización de la cabina causada por una negligencia en la última revisión técnica a la que había sido sometida la aeronave. Aparentemente, ésta había sufrido una fuga de aire durante su anterior vuelo por lo que las máscaras de oxígeno habían saltado indicando una leve descompensación en la presión de la cabina. El capitán descendió y aterrizó sin problemas en otro aeropuerto. Una vez en tierra, la aeronave tuvo que pasar una exhaustiva revisión técnica para descubrir la causa de la descompresión y, para ello, uno de los ingenieros debía poner en modo manual el sistema de presurización del avión, luego de lo cual no se pudo encontrar ninguna imperfección, dándole así el visto bueno para que el Boeing fuera puesto en funcionamiento otra vez. Pero se cometió el grave error de olvidar colocar el sistema en modo automático nuevamente, lo cual no fue advertido por la tripulación técnica del vuelo que salía de Chipre porque dicho mecanismo forma parte de las competencias de los ingenieros aeronáuticos y siempre, absolutamente siempre, se encuentra en posición automática. Asimismo, parece ser que la luz de alerta en el panel de los instrumentos de navegación se convirtió en un punto ciego para los pilotos por el ángulo en el que caían los rayos del sol a esa hora del día, como luego especularían los investigadores que repitieron el vuelo en las exactas mismas condiciones.

Al despegar el avión rumbo a Grecia, una vez que alcanzó cierta altura, y sin el sistema de presurización funcionando, la cabina empezó a descomprimirse. Se liberaron las máscaras de oxígeno pero como éstas sólo tienen capacidad para unos diez o quince minutos, al cabo de un rato se desmayaron todos los pasajeros y la tripulación. Por su parte, en la torre de control se perdió toda comunicación con el

Boeing y, en Grecia, las autoridades empezaron a sospechar la posibilidad de un secuestro a manos de terroristas con el propósito de realizar un ataque, por lo cual enviaron a dos aviones militares F-16 que reportaron haber visto a todos los ocupantes de la cabina de pasajeros desmayados y luego, al llegar a la parte frontal del avión, el asiento del piloto vacío y al copiloto inconsciente volcado sobre los controles, en tanto que había una persona no identificada en el *cockpit* luchando por retomar el control. Se explicó luego que la aeronave continuó su trayectoria programada mediante el piloto automático y una vez que alcanzó las costas griegas se mantuvo en el aire volando en círculos a la espera de que el comandante recuperara el mando y lo aterrizara en el aeropuerto, tal como están diseñados los patrones de vuelo normalmente.

Lo que sucedió fue que los pilotos, sin darse cuenta, cayeron inconscientes por la descompresión y, presuntamente, un tripulante de cabina de pasajeros logró mantenerse despierto gracias a las botellas de oxígeno que tenía a mano, pero no pudo entrar en el *cockpit* porque el sistema de seguridad del avión tenía la puerta bloqueada, como viene siendo una norma en los últimos años para prevenir una irrupción a manos de secuestradores. Sólo una vez que el sistema informático a bordo detectó el fallo en uno de los motores por causa de la escasez de combustible, automáticamente destrabó la puerta y de esa manera pudo ingresar en la cabina de mando el tripulante que aún se mantenía consciente, pero fue ya demasiado tarde porque luego de volar en círculos, durante dos horas, se terminaron agotando las reservas de combustible, falló el segundo motor y la aeronave se desplomó, estrellándose contra una montaña al noreste de Atenas.

Una muerte con privilegios

Durante un vuelo de British Airways que volaba de Nueva Delhi a Londres, un pasajero que iba durmiendo en la primera clase se topó al despertar con el cuerpo inerte de una mujer en un asiento aledaño. En principio, cuando abrió los ojos se encontró con los empleados de la aerolínea acomodando a una anciana en un asiento de su misma fila. El pasajero, Paul Trinder, se quedó extrañado por la escena y los tripulantes se retiraron sin dar mayor explicación al asunto. Cuando el hombre vio el rostro pálido de la mujer y su moribunda expresión pensó que se encontraba muy enferma, pero grande fue su sorpresa cuando en un momento de turbulencias el cuerpo frágil de la anciana se cayó del asiento y tuvo que ser nuevamente colocado en su sitio, por miembros de la tripulación, ajustándole el cinturón de seguridad y asegurándolo con varios almohadones. Fue entonces que Trinder se dio cuenta de que junto a su asiento, por el cual pagó la friolera de seis mil euros, se encontraba un cadáver. La señora falleció en pleno vuelo ocupando un lugar de la clase turista, la cual se encontraba repleta, por lo que los trabajadores de la empresa decidieron hacerle un *upgrade* a primera clase donde había más espacio. La compañía declaró luego que el personal actuó conforme a las normas dado que un cuerpo no debe ser ubicado en la cocina ni bloqueando los pasillos o salidas y que siempre debe colocarse en un lugar que tenga al menos un espacio vacío al lado. Asimismo, se disculpó por las molestias causadas pero aseguró que la tripulación trabajaba bajo circunstancias complicadas y que tomaron la decisión que en el momento creyeron más apropiada. El afectado pasajero no mencionó si volvería a volar con dicha aerolínea en el futuro pero igual la próxima se ahorra el dineral y se hace el muerto a ver si cuela.

La mujer maravilla

Vesna Vulovic, una ex auxiliar de vuelo de la aerolínea yugoslava JAT, figura en el Libro Guinness de los Récords ostentando la marca mundial por sobrevivir la caída desde la mayor altura sin paracaídas: 10.160 metros. El extraordinario récord de Vesna es el resultado de una de las peores tragedias de la aviación civil europea y constituye, en toda regla, un milagro por partida doble puesto que la azafata sobrevivió no sólo a la impresionante caída sino también a la previa explosión que ocasionó el desplome de la nave sobre el territorio de la antigua Checoslovaquia, allá por el año 1972. Nunca llegó a esclarecerse la causa de la explosión del vuelo JU-364 pero las autoridades en Belgrado y Praga atribuyeron el aciago incidente a la colocación de una bomba en el avión por obra del grupo terrorista croata Ustasha. El explosivo estalló en el aire partiendo el DC-9 en pedazos y dejando como única superviviente, de los veintiocho pasajeros, a la azafata de veintidós años, quien fue hallada en la sección media del fuselaje apenas con vida, con severas fracturas en el cráneo, las dos piernas rotas y tres vértebras quebradas. La caída de la aeronave duró tres largos minutos antes de colisionar contra la ladera nevada de una montaña. Los físicos que estudiaron el caso determinaron que la causa probable de su milagrosa salvación podría encontrarse en dos factores: los timones de la cola del avión pudieron ocasionar una precipitación en espiral que generase suficiente resistencia del viento para reducir su velocidad, y el ángulo inclinado en el que impactó contra la montaña pudo permitir el deslizamiento del fuselaje impidiendo que la fuerza del momento fuese detenida de golpe. Vesna despertó del coma tres días después paralizada de la cintura para abajo. Los médicos cuentan que sus primeras palabras fueron:

—¿Podría alguien darme un cigarrillo?

Luego de varios meses de someterse a sucesivas operaciones quirúrgicas, recuperó la movilidad de sus extremidades inferiores y pudo volver a caminar. Al poco tiempo del accidente, solicitó a su aerolínea que le pusiesen a trabajar nuevamente ya que debido a la amnesia que sufrió no guarda, hasta el día de hoy, ningún trauma de volar. En la actualidad se desempeña como administrativa en la misma compañía y goza de un estatus de heroína en su patria natal. Sólo una cuestión de suerte queda en el aire: ¿será que a pesar de la mala fortuna de ser confundida con otra tripulante llamada Vesna, quien originalmente debió ser asignada a ese vuelo, igual se pueda decir que tuvo la suerte de su lado? Lo que es irrefutable es que tenía todas las probabilidades en su contra y aún así vivió para contarlo.

Pasajero calavera

La cara que se le quedó al operador de la máquina de rayos X del aeropuerto de Munich fue de antología cuando apareció en su monitor la imagen de un esqueleto humano en el interior del bolso de una mujer de 62 años. Acostumbrado a examinar ropa, zapatos, productos de higiene, entre otras cosas, fue inevitable que el insólito contenido no causase su alarma y la notificación a las fuerzas de seguridad del aeropuerto alemán. La señora, que viajaba desde una localidad brasileña hacia Nápoles, explicó a los agentes que los huesos pertenecían a su hermano quien había fallecido once años atrás y cuyo último deseo había sido que le enterrasen en la ciudad italiana. ¿Dónde estuvo el esqueleto fraterno todo este tiempo? No se sabe, es un misterio. No obstante, una vez que se estableció que la mujer no estaba infringiendo ninguna ley germana se le permitió continuar con su viaje llevando consigo el macabro cargamento. Lo que sucedió a su llegada al destino napolitano se desconoce pero es probable que, considerando los problemas que afronta la ciudad por los vertimientos ilegales que ahí se hacen desde todos los rincones del país, las autoridades italianas no viesen a la mujer con muy buenos ojos una vez que descubriesen lo que planeaba depositar en sus suelos.

Erupción azul

En un foro de Internet para tripulantes de cabina de pasajeros se encuentra un relato que habla de un suceso que podría sonar a leyenda urbana pero que asegura tener muchos testigos en diferentes vuelos. Parece ser que la estupidez campa a sus anchas entre ciertos miembros inexpertos del gremio.

Como es conocido, el hielo seco es dióxido de carbono en su estado sólido y al combinarse con agua se sublima produciendo una densa niebla blanca que podría semejarse al que se ve en las películas de los años cincuenta, en aquellas escenas donde un científico loco trabaja en su laboratorio absorto en sus experimentos químicos. Dicho sea de paso que, efectivamente, éste era el método que utilizaban los directores de arte en dichas producciones. Pero el caso es que existe la historia de que una ingenua azafata se divertía caminando por los pasillos de un avión, vaso humeante en mano, mientras los pasajeros cabeceaban entre sueños en la cabina. Al parecer, por el escaso espacio que existe en el *galley* para almacenar los elementos que utilizan los auxiliares de vuelo durante el servicio, dicha azafata no tuvo mejor idea que la de echar el hielo seco por el inodoro del baño. La combinación del desinfectante azul y el dióxido de carbono provocó una reacción química que obligó al comandante a realizar un aterrizaje de emergencia en otro aeropuerto porque la espuma de color índigo que empezó a erupcionar desde el interior del retrete terminó llegando hasta la cabina de mando… y no paraba de emanar.

¿Comandante o profeta bíblico?

Un avión de Air Canada que viajaba de Toronto a Londres tuvo que realizar un aterrizaje de emergencia en Irlanda cuando faltaba tan sólo una hora para que arribase a su destino. El detonante de esta irregular acción fue el ataque de histeria que sufrió uno de los pilotos que, superando toda lógica, abandonó el *cockpit* y salió corriendo descalzo por todo el pasillo vociferando su deseo de hablar con Dios, ante la mirada estupefacta de los viajantes y las tripulantes de cabina que trataron sin éxito de calmarlo. Al enloquecido piloto tuvieron que atarle a un asiento con la ayuda de tripulantes y pasajeros ya que se encontraba fuera de sí, mostrando serios visos de angustia y enajenación. El procedimiento manda a que en un caso anormal de estas características se solicite por radio permiso para aterrizar de emergencia en el aeropuerto más cercano, que terminó siendo el de la ciudad irlandesa de Shannon, donde los pasajeros fueron evacuados para coger, ocho horas más tarde, otro avión que completó la ruta hacia Heathrow. El delirante piloto tuvo que ser trasladado a una clínica psiquiátrica para ser evaluado por los especialistas. Es posible que intentasen determinar si se trató de un caso de demencia o de una iluminación divina.

Infiltrando bombas

Burlando todas las medidas de seguridad del aeropuerto de Schiphol en Ámsterdam, el periodista holandés, Alberto Stegeman, aseguró haber introducido, clandestinamente, una bomba falsa y drogas en el interior de los respectivos aviones en los que viajó, con el propósito de demostrar la debilidad del cuarto aeropuerto más transitado de Europa. El reportaje emitido por la cadena SBS6 de la televisión neerlandesa, para la cual dicho periodista ejerce sus labores de investigación, mostró la facilidad con la cual se pueden burlar los controles de seguridad de Schiphol, poniendo en evidencia el riesgo que pueden sufrir los viajantes que lo transitan en los tiempos de amenazas terroristas que corren hoy por hoy.

Stegeman contó en su reportaje cómo un asociado suyo logró conseguir un puesto de trabajo para manipular el equipaje en el aeropuerto, gracias a lo cual el sagaz periodista pudo agenciarse de un uniforme de empleado y una credencial que le permitieron infiltrar en un avión que se dirigía a Egipto una bomba artificial compuesta por un temporizador digital y unos cartuchos de explosivos falsos.

—Si hubiese sido un miembro de Al-Qaeda, fácilmente podría haber volado en pedazos ese avión con sus 226 pasajeros a bordo, sin que nadie descubriese la autoría del atentado —comentó el periodista en su programa Undercover, para el cual venía realizando una investigación de tres meses en Schiphol.

Asimismo explicó la facilidad con la que durante varios meses su cómplice en el aeropuerto había logrado introducir en diferentes vuelos cargamentos de drogas falsas sin ningún tipo de control ya que, como quedó demostrado, el personal aeroportuario no es revisado nunca durante su paso por las instalaciones.

Por su parte, un portavoz de Schiphol, haciendo caso omiso del reportaje que escandalizó a la opinión pública holandesa, tuvo el descaro de declarar que el aeropuerto cumplía a rajatabla con las normas de seguridad que establece la Unión

Europea y que esto había quedado demostrado durante la última inspección a la que fueron sometidos meses atrás. Hasta ahí, típica respuesta institucional ante el escándalo. Aún así, es evidente que a pesar de la cantidad de medidas y personal que hay en los aeropuertos hoy en día velando por nuestra seguridad, la sensación de protección que tenemos los pasajeros cada vez que viajamos es, en realidad, una mera ilusión.